U0897037

青海省后扶贫时期
乡村振兴战略推进研究

张永琴　姜玉波　著

青海人民出版社

图书在版编目（CIP）数据

青海省后扶贫时期乡村振兴战略推进研究 / 张永琴，姜玉波著. -- 西宁 : 青海人民出版社，2021.12
ISBN 978-7-225-06268-6

Ⅰ. ①青… Ⅱ. ①张… ②姜… Ⅲ. ①农村—社会主义建设—研究—青海 Ⅳ. ①F327.44

中国版本图书馆CIP数据核字（2022）第054510号

青海省后扶贫时期乡村振兴战略推进研究

张永琴　姜玉波　著

出 版 人　樊原成
出版发行　青海人民出版社有限责任公司
西宁市五四西路 71 号　邮政编码:810023　电话:（0971）6143426（总编室）
发行热线　（0971）6143516/6137730
网　　址　http://www.qhrmcbs.com
印　　刷　青海雅丰彩色印刷有限责任公司
经　　销　新华书店
开　　本　890mm × 1240mm　1/32
印　　张　6.125
字　　数　140 千
版　　次　2022 年 4 月第 1 版　2022 年 4 月第 1 次印刷
书　　号　ISBN 978-7-225-06268-6
定　　价　32.00 元

目　录

第二章　青海省后扶贫时期乡村振兴动力保障机制研究

第一章
青海省分层精准施策推进乡村振兴战略研究

一、研究背景

农牧业是国民经济发展的基础，也是国民经济的重要组成部分，农牧区是青海省最为广泛的区域综合体，因此，没有乡村现代化，就没有青海省现代化。自新中国成立以来，我国农业和农村发展经历了以“粮食为重”“市场发展阶段”“社会主义新农村建设”等阶段，为日后美丽乡村建设的开展，以及在此基础上的乡村振兴战略的实施奠定了坚实基础。然而当前阶段，农业农村发展的低效率与城镇化的高速发展依然并存，造成社会、经济、民生等各个方面的城乡差距加大，这些差距制约了乡村资源集聚整合能力的提升与内生动力的形成。

青海省全境包含六州涉藏地区及集中连片特困区的六盘山区内海东市组成。不论是精准扶贫、精准脱贫工作，还是美丽乡村建设与乡村全面振兴，都面临着巨大的挑战。党的十八大以来，青海省在以习近平同志为核心的党中央坚强领导与清晰的乡村发展思路指导下，坚持把解决好“三农”问题作为重中之重，不断深化农牧业供给侧结构性改革。此后，农牧区工作打开新篇章：农牧业综合生产能力显著提升，高原特色现代农牧业建设取得新进展，农牧区综合改革获得新突破，农牧民生活水平和精神文明建设获得显著成效。但取得成绩的同时也必须清醒地看到，地处高原的自然环境、复杂艰巨的生态任务、多民族聚居的融合文化、分布松散的乡村布局、集聚受限的社会资源等都对青海省乡村振兴战略的实施提出了现实的挑战。

《中共青海省委、青海省人民政府关于推动乡村振兴战略的实施意见》中明确提出，到 2020 年，青海省实施乡村振兴战略要取得积极进展实现农牧业综合生产能力大幅提升、农牧业供给体系质量明显提高、农牧区一二三产业有效融合、农牧民增收渠道进一步拓宽、农牧区基础设施逐步完善、生态服务能力与人居环境改善加速匹配，脱贫攻坚、城乡基本公共服务均等化、乡村治理体系完善等工作任务基本完成。从目前青海省乡村发展的基础来客观评价，这些任务的达成依然艰巨。要保障青海省乡村建设平稳快速进行，就需要将乡村振兴战略制度框架及政策体系进行系统化、分层次的设立与实施。青海省乡村在各要素表现上，都有鲜明的层次差异性，例如地理区位、自然资源、经济条件、农村发展治理水平等。如果青海省乡村振兴工作都按照统一的政策开展治理，那将很难取得良好的发展效果。另外，开展乡村分层管理施策时，也必须按照青海省乡村的实际情况制定有效的策略，且本省不同级别乡村管理机构也要按照各个地区的真实状态及层次上的差别来设计建设方案。唯有此，才能展现良好的建设成效，有效解决青海省乡村发展过程中遇到的难题。

二、青海省乡村振兴战略实施环境与问卷分析

（一）青海省乡村振兴战略实施环境分析

青海省第三次全国农业普查共调查了366个乡镇，包括226个乡，140个镇，10691个自然村，873个2006年以后新建的农村居民定居点，其中包含4166个村委会（牧委会）和118个涉农居委会。

1. 经济要素

2017年青海省农牧业总产值达到357.84亿元，比上年同比增长7.53%，但仅占到2017年青海省国民经济总产值6493.17亿元的5.51%，足见青海省乡村经济总体发展动力不足、贡献薄弱。

收入方面，2017年农村居民人均可支配收入为9462元，城镇居民人均可支配收入为29169元，农村居民人均可支配收入仅为城镇居民的1/3。

全国范围比较来看，2017年，青海省农林牧渔业增长率为4.9%，增长率排名为全国第6位，表现出青海省农牧业发展势头迅速加快的良好趋势。但农业产值和牧业产值分列全国第28位和第26位，发展总量不足。农村居民人均收支也同样表现出增速较快，但总值排名低的特点。

2. 人口要素

人口总量：2017年青海省常住人口为598.38万人，人口出生率、人口自然增长率连续两年呈下降趋势。（表1-1）

青海省乡村人口为280.84万人，占青海省人口数的46.93%。与此同时，乡村人口数比上年同比下降2.17%，且连续5年下降。

表 1–1　主要年份常住人口及自然变动情况

年份	常住人口	常住人口					
		出生		死亡		自然增加	
		人数（人）	出生率（‰）	人数（人）	死亡率（‰）	人数（人）	自然增长率（‰）
2015	588.43	86248	14.72	36151	6.17	50097	8.55
2016	593.46	86869	14.70	36520	6.18	50349	8.52
2017	598.38	85932	14.42	36768	6.17	49164	8.25

而青海省市镇人口连续 5 年上升，表现出乡村人口逐年流向市镇的趋势。

青海省 2016 年最新数据统计乡镇数 365 个，乡村户数从 2011 年的 90 万户增长到 2016 年的 97.4 万户，增幅 8.2%。乡村人口数从 2011 年的 381 万增长到 2016 年的 396.3 万，增幅为 4%。从两项数据的增幅对比来看，人口增幅远小于户数增幅，青海省乡村总人口呈现下降趋势。

人口分布：据 2017 年青海省人口变动情况抽样调查结果推算，2017 年末青海省各市州分城乡常住人口以西宁市、海东市居多，共 159.82 人，占青海省总人口的 26.7%。六州中，海南州、玉树州吸纳人口较多。（表 1–2）

从青海省各地人口分布来看，人口数字密度差异很大。人口数字密度最高的是西宁市，密度为 307.88 人 / 平方公里，其次是海东市，为 111.76 人 / 平方公里。这两市人口数字密度 >100 人 / 平方千米，是典型的人口密集区；而其余六州人口密度均处在 1~25 人 / 平方千米，是典型的人口稀少区，这反映出青海省人口分布“东

多西少”的特点。（表 1–3）

表 1–2 2017 年末青海省各市州分城乡常住人口

地区	常住人口（万人）	城镇人口（万人）	乡村人口（万人）
西宁市	235.5	167.53	67.97
海东市	147.08	55.23	91.85
海北州	28.3	10.76	17.54
黄南州	27.42	8.93	18.49
海南州	47.24	17.37	29.87
果洛州	20.37	5.61	14.76
玉树州	40.95	15.01	25.94
海西州	51.52	37.10	14.42

青海省统计信息网 人口处 2018–02–05

表 1–3 青海省各市州人口密度

指标	西宁市	海东市	海北州	黄南州	海南州	果洛州	玉树州	海西州
面积（万平方千米）	0.7649	1.316	3.4390	1.82	4.6	7.64	26.7	32.5785
人口（万人）	235.5	147.08	28.3	27.42	47.24	20.37	40.95	51.52
人口密度（人 / 平方千米）	307.88	111.76	8.23	15.07	10.27	2.67	1.53	1.58

农业生产经营人员数量和结构：据青海省第三次全国农业普查对青海省农业生产经营人员情况调查数据显示，2016 年，青海省乡村从业人员 208.05 万人，与上年持平。其中农业生产经营人员 154.80 万人。农业生产经营人员中，女性 74.57 万人，占比 48.2%；年龄 35 岁及以下的 51.93 万人，占比 33.5%；年龄在 36 至 54 岁之间的 80.76 万人，占比 52.2%；年龄 55 岁及以上的 22.11 万人，占比 14.3%。

青海省乡村从业人员中，高中及以上文化程度的人数为 29.31 万人，同比增长 4.2%，占全部从业人员的比重由上年末的 13.5% 上升到 14.1%，提高 0.6%；初中文化程度的人数为 70.78 万人，增长 0.5%，所占比由 33.8% 上升到 34%，比重提高 0.2%；小学及以下文化程度的人数为 107.96 万人，下降 1.4%，所占比重由 52.7% 下降到 51.9%，减少 0.8%。

3. 基础设施要素

青海省第三次农业普查数据显示，2016 年末，在青海省乡镇范围内，有火车站的占 4.6%，有码头的占 0.8%，有高速公路出入口的占 18.9%，有村通公路的占 98.9%。青海省东部及柴达木地区铁路交通基础设施状况最优。兰青、青藏线穿境而过，青南地区没有铁路交通网络。公路交通基础设施也主要集中在东部地区，该地区交通网络布局密度与通达深度在青海省领先。

截至 2016 年末，青海省通电乡村占 98.1%，5.4% 的村通天然气，15.4% 的村有电子商务配送站点，69.7% 的乡镇生活垃圾集中或部分集中处理，47.8% 的村生活垃圾集中处理或部分集中处理，10.9% 的村生活污水集中处理或部分集中处理，34.7% 的村完成或部分完成改厕。

2016年末，农户做饭取暖主要使用电的有27.56万户，占30.8%，比2006年提高28.2个百分点；主要使用煤气、天然气、液化石油气的有5.72万户，占6.4%，比2006年提高5.1个百分点。

2016年末，青海省有28.54万农户饮用经过净化处理的自来水，占全部农户比重为31.9%，比2006年提高10.9%；有43.7%的农户饮用受保护的井水和泉水，有0.1%的农户饮用桶装水。饮用江河湖水比重11.3%，下降13.0%；其他水源0.9%，比2006年下降10%。

2016年末，97.9%的农户拥有自己的住房，比2006年提高了0.5%；其中，拥有1处住房的81.63万户，占93.0%，比2006年下降2.9%；拥有2处住房的5.46万户，占6.2%，比2006年提高3.3%；拥有3处及以上住房的0.66万户，占0.8%，比2006年提高0.4%；拥有商品房的5.27万户，占5.9%。

（二）问卷分析

1. 数据介绍

此次数据是在青海省内实地调研中获取的，其来源是以问卷的形式收集，问卷共计发放80份，因调研时间限制、语言沟通障碍等原因，最终确认回收有效问卷49份。此处研究小组提取了有效问卷的部分数据，从乡土、乡愁、乡民三个层面分析与乡村振兴相关的影响因素。

2. 数据分析

（1）乡土分析

从表1–4可知，63.3%的家庭年收入处于5000–15000元之间；18.4%的家庭年收入处于15000–30000元之间；6.1%的家庭年收入小处于5000元以下；12.2%的家庭年收入处于30000元以上。

表 1-4　家庭年收入情况

		频率	百分比	有效百分比	累计百分比
有效	5000 元以下	3	6.1	6.1	6.1
	5000–15000 元	31	63.3	63.3	69.4
	15000–30000	9	18.4	18.4	87.8
	30000 元以上	6	12.2	12.2	100.0
	总计	**49**	**100.0**	**100.0**	

表 1-5　最近 3 年家庭收入的变化情况

		频率	百分比	有效百分比	累计百分比
有效	有所增加	17	34.7	34.7	34.7
	基本持平	21	42.9	42.9	77.6
	有所减少	11	22.4	22.4	100.0
	总计	**49**	**100.0**	**100.0**	

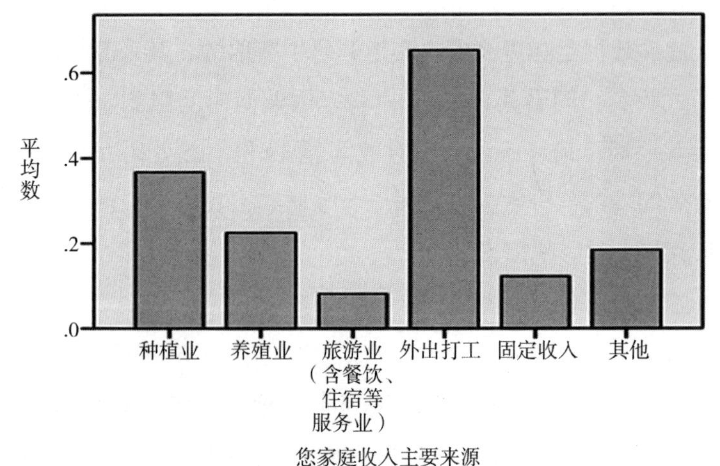

图 1-1　家庭收入主要来源

从表 1–5 可知，42.9% 的家庭近 3 年的家庭收入几乎没有大的变化；34.7% 的家庭近 3 年的家庭收入有所增加；22.4% 的家庭近 3 年的家庭收入有所减少。结合两表数据可见，青海省乡村通过精准扶贫、精准脱贫及高原美丽乡村建设的有效开展，使得农牧民收入及生活水平显著提升。

从图 1–1 更加直观的看到家庭收入的主要来源最多的为外出务工。占比最低的为旅游业，反应出乡村产业发展、乡风文明、乡土文化发展振兴的不足。

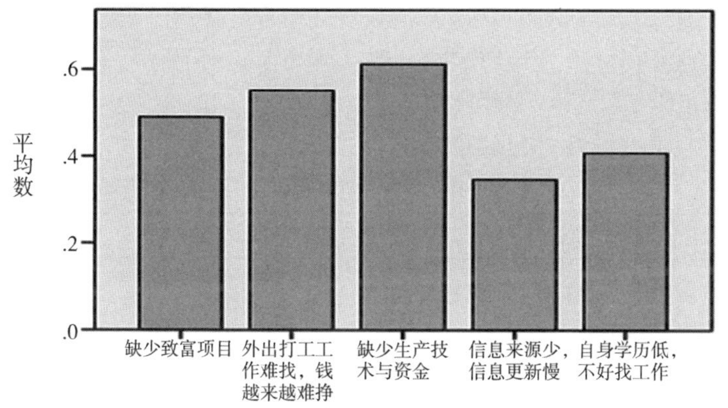

图 1–2　制约家庭收入的主要困难

从图 1–2 更加直观的看到，青海省乡村农牧民家庭收入增加的主要制约因素为缺少生产技术与资金，其次分别为外出打工工作难找、缺少致富项目、自身学历低，不好找工作和信息来源少，消息更新慢。

从表 1–6 可以看出，家庭每年经济支出的主要项目为生活费用（45.9%）；其次是教育费用（22.4%）、医疗费（13.3%），住宅新建翻新费用（9.2%）和老人的赡养费用（9.2%）。根据此数据的分布可以看出青海省乡村农牧民生活消费支出较高，对教育的重视程度有所上升。医疗方面，乡村农牧民依靠基本医疗保障社会险、大病保险、民政医疗救助、健康保险、临时救助的五大保障体系，已较好实现医疗有保障。同时，青海省乡村大力推进的

表 1–6　$Q5 频率

		响应		个案百分比
		个案数	百分比	
您家庭每年经济支出的主要项目是 a	老人的赡养费	9	9.2%	18.4%
	生活费用	45	45.9%	91.8%
	医疗费	13	13.3%	26.5%
	住宅新建翻新费用	9	9.2%	18.4%
	教育费用	22	22.4%	44.9%
总计		**98**	**100.0%**	**200.0%**

a. 使用了值 1 对二分组进行制表。

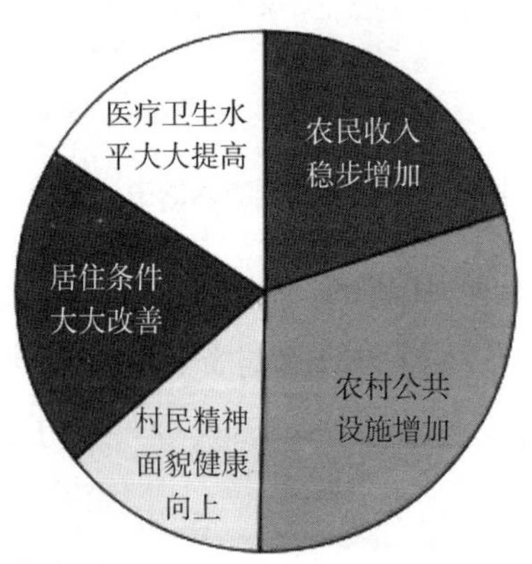

图 1–3　近年来农村的变化情况

危房改造、美丽乡村建设项目等也极大改善了人居环境。

从图 1–3 可以看出在“三农”政策、精准扶贫与脱贫、美丽乡村建设的推动下青海省乡村最显著的变化为公共基础设施的增加与改善，其次为农牧年收入稳步增加、村民精神面貌健康向上、医疗卫生水平大大提高。

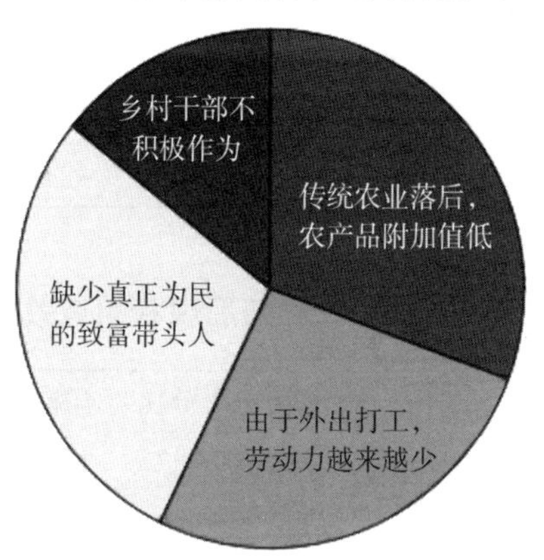

图 1–4 影响农村致富发展的主要因素

从图 1–4 可以看出影响乡村产业发展、村民致富的问题主要集中在传统农业落后 30.6%，农产品附加值低 26.5%，由于外出打工的原因，本地劳动力越来越少、缺少真正为民的致富带头人 28.6% 。

从表 1–7 可明显看出，农牧民收入的增加主要来源于提高农业产业化程度，增加农产品附加值。从表 1–8 可见转变思想观念和提高教育水平，以此提高乡村发展内生动力是改变农村落后现状的核心。

表 1–7　增加农牧民收入的主要途径

		频率	百分比	有效百分比	累计百分比
有效	提高农产品价格	5	10.2	10.2	10.2
	外出打工	7	14.3	14.3	24.5
	提高农业产业化程度，增加农产品附加值	27	55.1	55.1	79.6
	创造条件，将富余劳动力转移	9	18.4	18.4	98.0
	提高农民自身素质	1	2.0	2.0	100.0
	总计	**49**	**100.0**	**100.0**	

表 1–8　改变农村落后现状的有效办法

		频率	百分比	有效百分比	累计百分比
有效	改变思想观念	17	34.7	34.7	34.7
	提高受教育水平	12	24.5	24.5	59.2
	改革落后的产业模式	5	10.2	10.2	69.4
	加快扶贫开发力度	7	14.3	14.3	83.7
	走新型农业道路	8	16.3	16.3	100.0
	总计	**49**	**100.0**	**100.0**	

从图 1–5 可以清楚看到只有少数的乡村对于乡村振兴暂时还没有进行规划；对乡村振兴进行规划的乡村占很大一部分，但其中也存在一部分对于乡村的规划不合理的情况；认为对乡村振兴进行规划且规划科学合理的只占 1%。据此可见，要完成乡村振兴提高战略实施效果，必须合理规划、精准施策，对各类各层乡村“对症下药”，做到规划合理、方法可行。

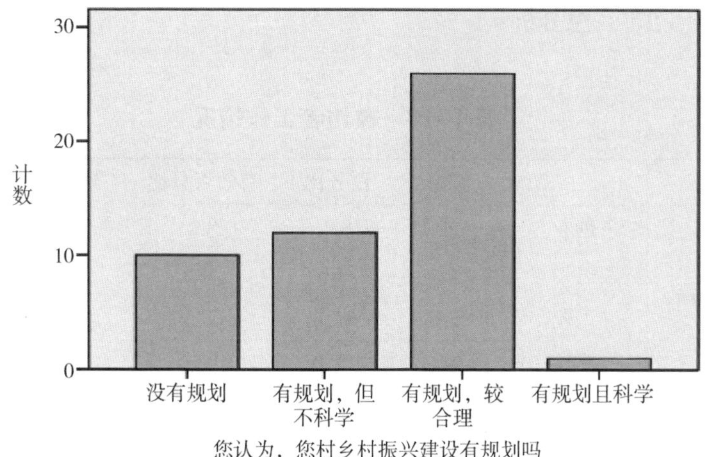

图 1–5　乡村振兴规划情况

表 1–9　乡村振兴的关键

		频率	百分比	有效百分比	累计百分比
有效	培育新型产业	20	40.8	40.8	40.8
	提高居民素质	14	28.6	28.6	69.4
	优化居住环境	6	12.2	12.2	81.6
	改善乡村交通	9	18.4	18.4	100.0
	总计	**49**	**100.0**	**100.0**	

表 1–9 可见，被调查村民认为乡村振兴的关键主要在于培育新型产业和提高居民素质，其占比分别为 40.8% 和 28.6%。6% 的人认为乡村振兴的关键在于优化居住环境；9% 的人认为乡村振兴的关键在于改善乡村交通。

（2）乡愁分析

表 1–10 被访者工作情况

		频率	百分比	有效百分比	累计百分比
有效	创业	4	8.2	8.2	8.2
	员工	12	24.5	24.5	32.7
	无业	33	67.3	67.3	100.0
	总计	**49**	**100.0**	**100.0**	

表 1–11 被访者离开 / 留在家乡的主要原因

		频率	百分比	有效百分比	累计百分比
有效	主观原因	27	55.1	55.1	55.1
	客观原因	22	44.9	44.9	100.0
	总计	**49**	**100.0**	**100.0**	

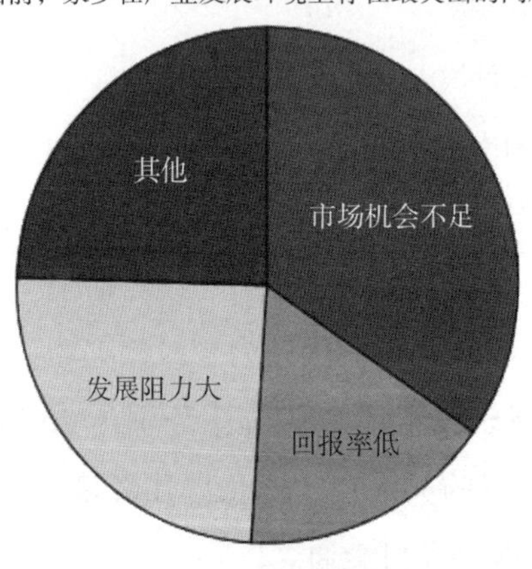

图 1–6 乡村产业发展环境的制约情况

从表 1–10 可明显看出，乡村中无业人员占大多数（67.3%），有稳定工作的员工人数占 24.5%，只有少数人选择创业（8.2%）。从表 1–11 可以看出离开或留在家乡发展的关键是主观原因。

从图 1–6 可以看出家乡在产业发展环境上存在的问题较多，并且相关问题对家乡的相关发展都有较大的影响。其中最主要的影响因素为市场机会不足。

表 1–12 $Q171 频率

		响应		个案百分比
		个案数	百分比	
第一顺位 a	物质回报	13	26.5%	27.7%
	发展前景	25	51.0%	53.2%
	工作环境	8	16.3%	17.0%
	社会地位	3	6.1%	6.4%
总计		**49**	**100.0%**	**104.3%**

a. 使用了值 1 对二分组进行制表。

表 1–13 $Q172 频率

		响应		个案百分比
		个案数	百分比	
第二顺位 a	物质回报	8	36.4%	36.4%
	发展前景	5	22.7%	22.7%
	工作环境	8	36.4%	36.4%
	社会地位	1	4.5%	4.5%
总计		**22**	**100.0%**	**100.0%**

a. 使用了值 2 对二分组进行制表。

表 1–14　$Q173 频率

		响应		个案百分比
		个案数	百分比	
第三顺位 a	物质回报	2	9.5%	9.5%
	发展前景	8	38.1%	38.1%
	工作环境	7	33.3%	33.3%
	社会地位	4	19.0%	19.0%
总计		21	100.0%	100.0%

a. 使用了值 3 对二分组进行制表。

表 1–15　$Q174 频率

		响应		个案百分比
		个案数	百分比	
第四顺位 a	物质回报	1	5.0%	5.0%
	发展前景	2	10.0%	10.0%
	工作环境	3	15.0%	15.0%
	社会地位	14	70.0%	70.0%
总计		20	100.0%	100.0%

a. 使用了值 4 对二分组进行制表。

由从表 1–12 至表 1–15 可以看出对于问题“假如一定要在家乡找一份工作，您会考虑哪些问题”，大部分人看重于工作的发展前景，其次会考虑物质回报和工作环境，对于工作给你所带来的工作地位并没有很在意。

表 1–16 $Q181 频率

		响应		个案百分比
		个案数	百分比	
第一顺位 a	政策环境	23	42.6%	46.9%
	资金保障	20	37.0%	40.8%
	产业配套	1	1.9%	2.0%
	人力资源	8	14.8%	16.3%
	其他	2	3.7%	4.1%
总计		**54**	**100.0%**	**110.2%**

a. 使用了值 1 对二分组进行制表。

表 1–17 $Q182 频率

		响应		个案百分比
		个案数	百分比	
第二顺位 a	政策环境	6	20.0%	20.0%
	资金保障	19	63.3%	63.3%
	产业配套	3	10.0%	10.0%
	人力资源	2	6.7%	6.7%
总计		**30**	**100.0%**	**100.0%**

a. 使用了值 1 对二分组进行制表。

表 1-18　$Q183 频率

		响应		个案百分比
		个案数	百分比	
第三顺位 a	政策环境	1	3.6%	3.6%
	资金保障	3	10.7%	10.7%
	产业配套	15	53.6%	53.6%
	人力资源	7	25.0%	25.0%
	其他	2	7.1%	7.1%
总计		**28**	**100.0%**	**100.0%**

a. 使用了值 3 对二分组进行制表。

表 1-19　$Q184 频率

		响应		个案百分比
		个案数	百分比	
第四顺位 a	政策环境	6	21.4%	21.4%
	产业配套	10	35.7%	35.7%
	人力资源	12	42.9%	42.9%
总计		**28**	**100.0%**	**100.0%**

a. 使用了值 4 对二分组进行制表。

表 1-20　$Q185 频率

		响应		个案百分比
		个案数	百分比	
第五顺位 a	人力资源	2	8.3%	8.3%
	其他	22	91.7%	91.7%
总计		**24**	**100.0%**	**100.0%**

a. 使用了值 5 对二分组进行制表。

从表 1–16 至表 1–20 可见，对于问题“假如要在家乡产业振兴，您认为最需要哪些方面的支持”，大多数人认为政策环境和资金保障是完成产业振兴的主要支持条件，其次是产业配套和人力资源。

表 1–21 排除其他客观因素，对父母 /（未来的）子女留在家乡工作的愿望

		频率	百分比	有效百分比	累计百分比
有效	特别希望	6	12.2	12.2	12.2
	比较希望	37	75.5	75.5	87.8
	不希望	6	12.2	12.2	100.0
	总计	**49**	**100.0**	**100.0**	

从表 1–21 可明显看出，除客观影响因素影响外，75.5% 的被调查人员希望父母或未来的子女留在家乡工作生活。提供更多市场机会、鼓励创业、增加本地就业机会是留住乡村人才及劳动力的主要方法。

（3）乡民分析

表 2–22 家庭主要收入来源

		频率	百分比	有效百分比	累计百分比
有效	务工	22	44.9	44.9	44.9
	个体经营户	4	8.2	8.2	53.1
	务农	13	26.5	26.5	79.6
	养殖业	3	6.1	6.1	85.7
	加工业	3	6.1	6.1	91.8
	其他	4	8.2	8.2	100.0
	总计	**49**	**100.0**	**100.0**	

从表 1–22 可见，乡村农牧民家庭收入的主要来源为务工和务农，分别占总数 44.9% 和 26.5%。

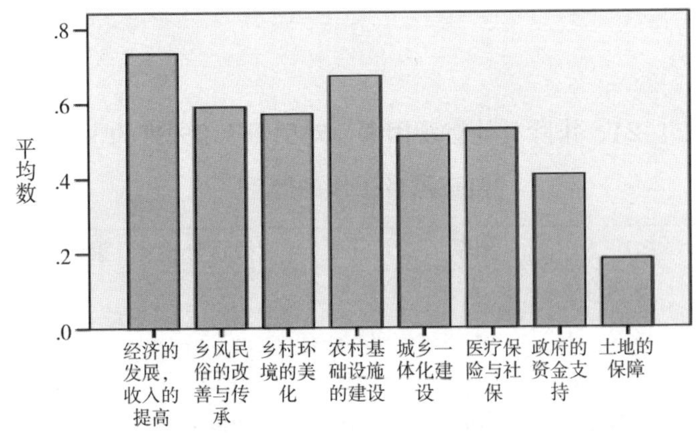

图 1–7　农牧民关注的发展问题

从图 1–7 可见，在乡村发展中农牧民最关注的问题前三项为：经济发展与收入的提高、农村基础设施的建设、乡风民俗的改善与传承。

表 1–23　乡村致富项目的接受度

		频率	百分比	有效百分比	累计百分比
有效	统一搞	8	16.3	16.3	16.3
	乡村带头，农民自愿	22	44.9	44.9	61.2
	干部带头，农民自愿	19	38.8	38.8	100.0
	总计	**49**	**100.0**	**100.0**	

从表 1–23 可以看出，乡村致富项目的实施，83.7% 的人认为应首先由乡村集体或村干部引领示范；只有 16.3% 的人认为应该统一一起搞。由此可以看出村级管理效用的发挥对乡村振兴战略的有效实施的意义。

表 1–24 $Q34 频率

		响应		个案百分比
		个案数	百分比	
乡村建设应该主要依靠 a	政府的资金扶持	33	23.4%	67.3%
	村民自身努力	33	23.4%	67.3%
	村民和政府集体努力	37	26.2%	75.5%
	发展农村集体经济	22	15.6%	44.9%
	招商	16	11.3%	32.7%
总计		141	100.0%	287.8%

a. 使用了值 1 对二分组进行制表。

从表 1–24 可见,26.2% 的人认为乡村建设主要与村民和政府、集体努力有很大关系；23.4% 的人认为建设与政府的资金支持和村民的自身努力有关；15.6% 的人认为建设与发展农村集体经济有关；11.36% 的人认为建设与招商有关。此项数据说明，乡村振兴战略实施中，村民、村集体、政府协同发力的重要性。

从表 1–25 可见，农牧民对于乡村振兴战略较感兴趣的是产业兴旺、乡风文明、生态宜居。从表 1–26 可见，乡村振兴战略实施中农牧民最关注的都是与乡村生活、发展息息相关的问题，例如，村级经济发展、拆迁安置、基础设施、就业与社会保障问题等。

表 1–25 $Q41 频率

		响应		个案百分比
		个案数	百分比	
乡村振兴战略提出后，村民的关注点 a	产业兴旺	17	23.9%	35.4%
	生态宜居	16	22.5%	33.3%
	乡风文明	19	26.8%	39.6%
	治理有效	7	9.9%	14.6%
	生活富裕	12	16.9%	25.0%
总计		**71**	**100.0%**	**147.9%**

a. 使用了值 1 对二分组进行制表。

表 1–26 $Q42 频率

		响应		个案百分比
		个案数	百分比	
乡村振兴的发展过程中村民关心的改革内容 a	农村增收	23	15.9%	46.9%
	村级经济发展	25	17.2%	51.0%
	拆迁安置	23	15.9%	46.9%
	农村基础设施建设	25	17.2%	51.0%
	就业与社会保障	24	16.6%	49.0%
	工作服务均等化	5	3.4%	10.2%
	规划布局一体化	13	9.0%	26.5%
	户籍制度改革	7	4.8%	14.3%
总计		**145**	**100.0%**	**295.9%**

a. 使用了值 1 对二分组进行制表。

三、青海省乡村多维度层次差异性基础上的分层管理

（一）青海省乡村多维度层次差异性问题的表现

1. 乡村产业振兴问题

产业振兴作为乡村振兴的核心与基础，其根本任务是要解决农牧民增产增收问题，让农牧民在健康有序的产业环境下富裕起来。从前期调研的青海省农村产业发展现状和政府相关统计信息来看，现阶段，青海省农牧业区主导产业以养殖和种植为主。如，在前期调研的海晏县 10 个村（三角城镇三联村、西岔村，金滩乡东达村、新全村、光明村，哈勒景乡哈勒景村、青海湖乡达玉五谷村、达玉日秀村，甘子河乡达玉村、尕海村）的主导产业概括显示，10 个村主导产业全部为牛羊养殖和种植，个别村在此基础上发展了乡村旅游、家政服务、特色种植及加工等差异化产业项目。互助县调研的 7 个村（加定镇扎隆沟村，哈拉直沟乡毛荷堡村、魏家堡村，五峰镇纳家村，威远镇红崖村，林川乡马家村、巴扎村 ）的主导产业概括显示，各村目前的主导产业也全部为养殖和传统种植，同时兼顾发展了中药材种植及加工、菜籽油加工、劳务输出等产业。湟源县调研的 6 个村（波航乡纳隆村、波航村，和平乡马家湾村、小高陵村，申中乡申中村，城关镇光华村）主导产业为传统种植、养殖，同时兼顾中药材种植。玉树州调研的 4 个村（玉树市巴塘相古村，囊谦县白扎乡东帕村，称多县拉布乡拉布村,玉树市上拉秀乡多拉村）的主导产业为养殖、传统种植，同时个别村兼顾石刻、藏饰加工等产业。

从调研总体情况来看，传统种植与养殖外的其他产业，均存

在发展规模小、产业带动效益不明显、产业技术难题多、人才稀缺、市场难对接、销售难保障等问题。而从种养殖产业发展现状来看，现阶段青海省仍以初级种养殖产品生产为主，存在着“重产品轻品牌、有规模无产业”以及缺乏龙头企业带动等问题。

从青海省乡村产业发展的现实来看，种养殖产业尤其是畜牧业是目前产业振兴发展的重要选择方向。种养业是农业产业结构中受自然及市场因素影响较大的产业，其生产属性特征决定了目前青海省乡村产业结构模式的抗风险能力总体薄弱。

当前，青海省乡村过度依赖种养殖的单一产业结构模式是产业发展的共性问题。农牧产品同质化的先天特点，及其生产过程未能掌握关键生产技术（如海东某县大力推动的当归黄芪中药材种植，不掌握育苗技术，受制于种苗供应商、销售商等）、产品深加工程度低（如中药材加工多以简单的切片式初级加工为主）、行业缺乏龙头企业带动、缺少有效的仓储物流及销售渠道等使得青海省乡村农牧产业的抗风险能力非常弱。当遇到自然灾害、同类产品竞争及市场价格波动等情况时，损农伤农就颇为普遍。

与此同时，青海省乡村围绕主导产业的关联产业发展滞后，以种养业为依托的一体化及多元化产业发展格局尚未形成。各地农牧产品产业链的打造与完善工作任务依然艰巨。

2. 乡村人才振兴问题

青海省乡村人口连续 5 年下降，且流向市镇的人数逐年上升。在此背景下，青海省乡村的人才储备数量与人才结构在乡村振兴发展中更成为薄弱环节。

首先，实用性人才储备不足。乡村产业发展中急需具有一定专业知识和技术的人才，尤其是得到周围群众认可的专业型农村劳动者数量较少。除种养殖业可以依靠广大乡村劳动者积累的传统生产经验和技术指导生产之外，在现有主导产业基础上需要拓展的关联产业项目，以及各地区乡村振兴规划中提出的振兴发展产业项目，均面临着缺乏人才支撑和专业技术人员指导的困境。

其次，专业技术技能培训管理不力。青海省乡村的专业技术人才的自有储备不足是客观现实。但同时，各级各类政府和相关帮扶部门组织的专业技术技能培训也存在着：培训脱离群众需要和人力市场需要、技能培训含金量低、培训后的就业转化难等普遍问题。调研中，农牧民普遍反映，参加的培训项目不够接地气，培训技术的就业及产业转化难，培训时间短，培训技能递进式增长不足等问题，甚至有些培训安排时间与农忙、务工忙相冲突，培训班培训效果需慎重评价。如某县 78 岁男性村民马某自述，村里组织参加种植技能培训，但自己已经七八年未种地，自有土地也已经转给女儿从事生产；同村 38 岁男性牛某精神二级残疾，参加了养殖培训，但无法从事技能生产。而青海省东部某村 2017 年的雨露计划挖掘机培训班花名册显示，在培训的 22 位村民中，有 6 位女性（年龄在 38—48 岁之间），这 6 位女性后期均未从事所培训专业的就业工作。而很多村民参加的挖掘机、电焊工、烹饪等培训时间为 5—8 月份，这个时段恰恰是农忙、务工忙的时间。

最后，人才与劳动力留乡返乡困难。出身乡村的各类人才外流、返乡困难已经成为全国乡村振兴中的普遍问题。青海省乡村的人才与劳动力流失问题同样突出。在与调研村驻村第一书记、村党支部书记等乡村基层管理者的交流中发现，青海省乡村人居环境相比城市落后，农村就业困难、收入有限而激励措施薄弱，产业发展缓慢缺乏有效链接机制，乡村生活条件落后，住房医疗教育等基础设施相比城镇仍有差距和不完备之处，从事农牧业生产的社会认同度低等是人才及劳动力留乡、返乡难的客观原因。而主观上，对乡村缺乏归属感，认为在乡村工作生活不能实现自我价值也影响了人才及劳动力返乡。如某村第一书记反映，村两委组织中无大专生及以上人才，本村高学历青年不愿返乡工作；村党支部书记统计全村劳动力为 1457 人，但劳动力留村从事生产劳作、产业发展的几乎没有。

3. 乡村文化振兴问题

2016 年青海省文化及相关产业实现增加值 63.77 亿元，比上年增长 16.5%，占青海省地区生产总值的 2.48%，比上年提高 0.21%。从数据来看，青海省整体文化产业对 GDP 贡献微弱。而广大乡村的文化发展而言，难度更大、影响力更低。

青海省乡村由于区位与交通条件的特殊性，在乡村文化的传承发展中较少受到外来文化的影响，广大乡村乡风淳朴、乡民友善、农牧民的民主意识、法律意识伴随精准扶贫、精准脱贫及美丽乡村建设的开展逐步增强。但随着农田、牧场和村庄的流转变迁，农耕文化、放牧文化和传统村落日渐凋敝也是不争的事实，乡村固有的文化根基和载体正在逐渐动摇。农牧民的文化主体意识也在城镇化建设带来的文化洗礼中被冲淡。

从前期调研的实际情况汇总来看，一是，本省农牧民对古老乡土情节、宗族观念、民族文化等方面的认同度较高，对特征鲜明、体系清晰的乡村文化的保护传承意识较强，如传承时间久远的六月“花儿”、土族“纳顿”、撒拉尔“口弦”、塔尔寺酥油花等；融入乡村生活风俗的社火、赛马节、青苗节等；兼具教育功能的小高陵精神等。二是,对乡村文化的物质载体重视不够,保护不足。

各地具有典型代表性的文物古迹、传统村落、民族村寨、传统建筑、农业遗迹等整体性保护欠佳，如在涉藏地区调研中发现，藏族传统民居的保护亟待加强，藏族古村落、藏式古堡等大多因为乡村的自然凋敝、异地搬迁的实施、美丽乡村等建设的开展，面临着被遗弃或失去特色的困境。三是，广大乡村基层文化生活在形式、内容上都比较单一，部分文化管理工作停留在形式表层，文化基础设施仍需完善，如在农业区、农牧业区乡村普遍设立的村民文化室、新时代讲习所等，由于各种原因综合利用率并不高。另外，从文化产业化发展要求来看，本省乡村植根于乡村文化内涵的文创开发还非常落后，大部分优势特色乡村文化没有进行有效的文创开发，已有的文创产品也存在同质性高、文化共鸣低、有形转化难等问题。

4. 乡村生态振兴问题

根据青海省生态环境厅环境公报显示，2017 年，三江源、青海湖流域和祁连山地区等重点生态功能区生态环境状况良好。青海省生态环境状况保持稳定，各县域生态环境指数（EI）值分布在 31.22—69.97 之间，32 个县域生态环境状况为良，占青海省总面积的 38.49%，9 个县域为一般，占 55.96%；2 个县域较差，占 5.55%。国家重点生态功能区县域生态环境状况趋向良好。

青海省乡村生态环境客观来看，依然面临着不容忽视的发展压力。就前期开展调研的相关州县的局部生态及微生态现状来看，以下生态问题依然典型：第一，草原、草场、森林的鼠害、虫害、毒杂草、黑土滩等生态问题依然存在；第二，水环境治理问题较为普遍，虽然青海省普遍施行河长制进行管理，但诸如河道清淤、防洪压力、小河流生态功能差、村域内河道存在防洪及各类生产生活污染影响河道水环境的隐患等问题依然存在；第三，传统的生产生活方式对生态环境的负效应累积增加，如牧业区传统放牧方式增大存栏量，出现草场退化等问题；青海省种植区土地虽然普遍推行了施用有机肥补助措施，个别地区推行了地膜生产旧膜换新膜鼓励政策，但农药、化肥等投入品影响土壤生态的情况依然存在，农产品的生产清洁化程度尚有待提高；农业区分户养殖效益低、生态副产出多，造成生活环境脏乱等；生活垃圾处理方式依然原始，影响村庄及青海省人居环境等；第四，农牧民的生态保护意识仍有待提高，调研中秸秆焚烧、垃圾缺乏无害化处理等问题依然存在。

5. 乡村组织振兴问题

青海省乡村基层党组织建设完备，基层党员作为乡村组织建设与乡村发展的中坚力量发挥了文化引导、产业带动、模范带头等作用。但从乡村长远发展以计，除了充分发挥基层党组织和党员的作用之外，还需要从乡村整体组织构建及各组织结构要素的优化抓起。

就目前调研所得，调研村的乡村组织发展现存问题有：乡村组织发展与村级组织管理的基础信息不完善、更新不及时，诸如（不包括各类转移性收入的）农户收入统计资料、基层党建（计划及工作记录类、台账类）、户籍变动等，这些数据信息的完善与更新的迟滞性，一定程度上影响了乡村低保、危房改造、各类扶助政策等资源的合理有效分配；青海省大部分乡村中，保障乡村组织管理效果的村规民约以约定俗成的伦理道德约束为主，大多停留在表层形式，较少有形成完备体系的管理制度；乡村法治建设仍需强化；村级治理组织体系尚需完善。除了乡村党组织、村务管理组织的健全之外，青海省乡村管理中设置的村务监督管理委员会的职能表现不明显；党员活动室、村民活动室等基础设施配备完备，但由于缺少维护管理费用及村民的活动积极性不高，其效果没有充分发挥，甚至有些乡村党员活动室、村民活动室处在闲置半闲置状态；村级基本组织设施不够完备，如法治宣传栏、村务“一站式”服务点等，影响了村级基本组织职能的发挥。

（二）青海省乡村振兴分层管理建议

1. 乡村产业振兴维度管理建议

根据青海省第二次土地调查发布的信息显示，青海省草地面积为 4212.93 万公顷，占全国草地面积 28731.34 万公顷的 14.66%。草地面积是青海省耕地面积的 71.65 倍，草地可利用面积仅次于内蒙古、新疆、西藏等自治区。从青海省乡村产业振兴的土地要素条件分析，青海省乡村发展的产业结构布局中，主抓农牧业尤其是畜牧产业是必然选择。同时，这种单一的产业结构模式具有突出典型性。要解决目前种养殖尤其是畜牧业产业发展单一及效能受限的困境，关键思路是大力发展“组织化指导下的畜牧业全产业链”以及“单一产业的深度营销管理”。

（1）优化产业发展环境，培育建设全产业链中坚力量

全产业链发展要求，农产品生产要通过对种植 / 养殖饲料、种养殖与收割屠宰、食品深加工、分销、品牌运营、农产品销售等完整环节的综合管理，构成产业链体系。通过全产业链管理，可以实现对农产品品质的全程监控，提高产业效益。

从青海省乡村农产品“重生产、轻营销”的现实来看，配合全产业链建设应首先配套完善农牧产品区域品牌、企业品牌运营，建立以物流、销售、售后服务为关键节点的营销管理体系，培育

乡村产业经营主体、新农业服务主体等。降低各类投资乡村产业发展的企业、资本的进入门槛、成本和风险，在农业扶持政策限度内，加强对产业经营主体的支持力度。

鼓励引导形成示范性经营主体→普通经营主体→普通农户之间，及农业农村专业化、市场化服务组织和农户间的利益联系和联动机制，提高乡村新型经营、服务主体对乡村产业发展的辐射助力。

在“单一产业的深度营销管理”方面，以中藏药材生产加工为例，目前的产业收益集中在药材的种植管护环节，而完整产业链中增值及溢价最明显的种苗育苗、药材销售不受自己掌控，不掌握种苗育苗技术、无法链接销售环节，都导致药材种植“有质无名，有产低效”。据某地村民介绍，2017 年当归的收购价为每斤 10 元左右，农户受价格激励在 2018 年增大了种植面积，但当年的收购价下跌至每斤 3 元左右，且价格完全被邻省收购商垄断。虽然本地当归因为土壤肥力、气候等因素品质优良，但价低伤农，已严重影响了农户的种植积极性。

以深度营销管理为指导，农产品在种植品种的选择、产品生产、加工及销售的完整过程都要紧紧围绕市场需求进行。首先应积极突破或引进育苗技术，这既可以有效降低种苗购买的品质风险及成本、保障农民利益，也可以加强对产业链源头的质量监控。其次，加强对农户分散种植的技术指导和生产管理，提高药材品质，着力打造区域药材品牌。再次，由政府牵头整合各乡各村产业扶持资金及各类扶持村集体经济发展资金创办药材深加工企业，在现有的切片初加工基础上深挖精深加工环节，提高产业增值能力。最后，积极对接渠道下游环节，如引入药材收购企业就地建厂加工，限定收购保护价；拓宽分销渠道终端环节，实现精深加工与零售及终端消费的对接。

（2）找准乡村产业振兴重点，协调城乡与区域间的分工协作关系

目前青海省乡村产业振兴的主角是畜牧业，但在今后较长的发展期内，产业振兴的重点是如何解决乡村经济结构农业化、农业结构单一化等问题。在抓重点的同时，发展对农牧民增收效果稳定、优势明显的特色产业和企业，能够丰富乡村产业经济内涵，提高乡村经济综合化发展能力，真正实现乡村引贤聚才、吸纳资本。

在此过程中，应积极打造“几村一品”“一镇一品”，甚至“一县一品”。提炼区域自然地理、人文禀赋、生产加工等的自身优势，按照区域化布局、专业化生产和规模化经营的原则，发展符合当地产业优化要求的特色产品和产业，并以此形成产业集群，从而最大程度实现农村劳动力就地转移，实现乡村振兴。

具有乡村亲和力、发展适宜性和比较优势的企业，在城乡之间形成合理的分工协作、错位发展结构，如乡村康养业、乡村旅游业、乡村文创业、乡村生活性服务业，甚至新兴的乡村教育培训业。调研过程中发现的具有代表性的兼具党性教育、红色旅游、拓展训练、亲子体验等功能的乡村实践基地，除了能带动本村劳动就业、文化增值、产业提升之外，还辐射带动了周围乡村的共同发展。

（3）开展产业振兴载体及平台建设，完善乡村振兴节点

乡村产业发展目前面临的发展困难，比较集中的反馈之一，是在产业选择难、市场难对接上。产业发展载体或平台的运营思路是，利用公共服务平台、科技服务平台等，通过把握产业振兴

的关键环节、重点区域和制约难题，整合资源、配置要素、激发市场，直至对接中高端市场，实现乡村产业的产业链一体化和集群化发展，健全产业间的资源要素和市场的联系，最终实现乡村产业的宏观多元化和微观特色化。利用财政金融、政府购买公共服务等方法加强这方面支持，可以收到“事半功倍”的效果。

2. 乡村人才振兴维度管理建议

吸纳人才、汇聚贤能，乡村振兴才能根基稳固，乡村的长期发展离不开以人才为支撑的各类要素资源集聚的良性循环。

（1）继续完善乡村人才引进机制，增大诱因

从青海省乡村现状及发展前景客观来看，本地乡村吸引外来人才难度较大。而如果人才的原生家庭在乡村，他们就有深厚的乡村情感和归属感，不论是对本省乡村的文化传承或是产业发展、组织建设都有先天优势。因此，应当加大对本土人才返乡创业、扎根故土的政策扶持，加大乡村工作待遇、福利等方面的吸引力。

（2）形成乡村人才培育体系，主动造血

纵观全国乡村振兴的制约条件，人才短缺是共性问题。不论是组织管理人才还是专业技术人才都成为乡村发展的短板。本省乡村的人才振兴既有共性问题，也有自体差异，而增大人才储备最有效最符合实际的方法就是通过打造完善的人才培育体系，形成技能培训、教育管理、政策帮扶的人才储备方式，完成乡村人力资本增值的造血功能。

村级管理人才以积极吸纳大学生村官、大学生回乡创业、本村培养人才为主。技术人才培育需要进行大力改革，传统的大面积开展、短期培训的方式是对培训资源的极大浪费。应当把村级单位收集到的村民培训意愿与市场技能需求充分结合，合理设置

培训内容，筛选技能培训自主意愿高的村民参加，增强培训含金量。同时，还可以充分调动已产生产业带动效能的本村能人、技术带头人的积极性，开展更符合乡村生产需要的技能培训。

（3）改革基层人事管理机制，释放活力

要提高社会对乡村生产管理工作的认同度，大力推行职业农民职称制度是非常必要的。这就对乡村基层职称认定与管理提出了更高要求。对乡村发展稀缺的，或者已经做出突出示范带头作用的专业技术人才直评直聘；改进乡镇事业单位人才招聘方式，增加对民族语言、基层生活及工作经历、职业诚信等的考核；建立乡镇统筹的岗位管理使用制度等，都是有切实需要的改革方向。

（4）重视乡村人才服务保障机制，优化劳动环境

从青海省乡村实际出发，留住人才的方法：一是，对掌握地方及民族语言、熟悉基层环境、有技术特长等的人才提供绿色服务通道，提高物质和精神激励，提高社会对乡村工作的高度认同，做到乡村就业能够名利双收；二是，塑造暖心留人的社会氛围，加大乡村基础设施建设，提高各类人才在乡村工作与生活条件，在乡情乡愁的心理感染下，帮助留乡人才坚定扎根乡村的信心信念。

3. 乡村文化振兴维度管理建议

乡村振兴战略设计实施过程中，通过文化振兴，提高乡村软实力，满足农牧民日益增长的美好文化生活需要，为在乡村生活的人民提供意义感、幸福感和快乐感，可以抓住人心、留住人口，使农村更有吸引力和凝聚力，从而为乡村振兴创造主体条件和良好的社会环境氛围。

文化振兴的主体思路是需要推行乡村文化的供给侧改革。改革的核心是提高文化产品（服务）的供给质量和效率，形成完备

的供给体系，提供种类丰富、可接受性强的文化产品和服务，探索乡村文化产业创新，最终实现乡村文化健康可持续发展。

（1）开展精神扶贫指导下的村级道德品牌建设

城镇化建设进一步加大了城乡经济差距，乡村遭受外来文化冲击，同时村民的文化认同感随之降低，造成乡村或多或少出现梁漱溟先生所论的“文化失调”问题。在目前达成共识的移风易俗、树立文明乡风工作开展的同时，充分尊重各民族文化，进一步抓好村规民约的完善与监督管理工作，开展村级道德品牌建设，树立道德模范，提高青海省乡村的伦理道德建设水平。优秀的乡村道德品牌本身，也会成为乡村吸引力、竞争力的有效构成因素。

（2）实现基层文化硬件带动的常态化群众文化活动

在青海省实施完成的540个基层综合文化服务中心建设项目基础上，有计划的常态化开展群众文化活动，立足乡村文化环境特点及已有的群众喜闻乐见的文化形式与活动，搞活乡村文化生活、丰富乡村文化内涵。通过文化纽带有效传递党的各类政策，实现用文化统领带动乡村发展。

（3）树立新农村观念下的新生活观

对不适宜居住、影响乡村长期发展的人居环境积极改善并合理规划，在危房改造和高原美丽乡村建设基础上，加强乡村规划，乡居特色的打造。对具有突出乡土特色、民族特色的传统乡居合理规划、维护并保护。创造乡村文化的繁衍土壤需要广大农牧民树立科学、文明、环保的新生活观。爱护维护乡村生态人居环境、和谐邻里关系、乡村伦理美德等，也为乡村文化的农本价值增值提供有效条件。同时，要继续深入开展民族团结进步教育，引导各族农牧民树立“五个认同”。

（4）鼓励乡村自然和人文资源禀赋基础上的文化创新

只有不断创新的文化才是鲜活的文化。乡村文化振兴除了文化传承职能外，还要进行文化创新。创新的过程就是文化提高生命力的过程，要提高乡村创新文化的可接受性，不能生搬硬套，如目前乡村普遍开展的村级图书室建设，原则上看对提高乡村文化生活结构和水平是大有裨益的。但从调研情况看，部分村级图书室所藏图书与乡村群众的文化教育水平差距较大、图书内容与群众所需缺乏相关性、不能很好地激发群众阅读兴趣。以此为例，乡村的文化创新形式与内容切记要在自然与人文资源基础上提高精准性和针对性。

4. 乡村生态振兴维度管理建议

青海省乡村生态振兴管理应从宏观层面和微观层面加以重视并针对性管理。青海省乡村的生态水平关系到青海自身的发展，也关系到全国的可持续发展和中华民族的长远发展。依据青海省生态立省战略的指导，乡村生态振兴应首先保证宏观生态环境层面的振兴。与此同时，通过乡村的微观生态环境振兴，助力乡村产业发展、人才吸纳、乡村形象提升，并最终提高乡村群众生活质量。

（1）继续加强草原、耕地的生态保护

青海省乡村土地资源利用呈现出，畜牧业用地面积大、农业用地面积少、林地面积比例低的利用特点。这也充分印证了畜牧业发展在乡村产业结构中占绝对优势的现实。因此，草原生态保护应与耕地、林地保护同等重要，应继续加强草场沙化和鼠害、虫害、毒杂草治理。采取补播、鼠虫害防治、毒杂草灭治等综合措施，改善草原生态环境。

在耕地奖补、草原奖补基础上，积极探索农村宅基地改革，进行农村土地复耕复种。

（2）大力推进农牧业绿色生产

作为全国重要的生态屏障，青海省农牧业发展首先要以资源环境承载力为基线，大力推进农牧业供给侧结构性改革及农牧业转型升级，努力探索人与自然和谐发展的农牧业生产方式。提高资源利用效率、保障清洁的产地环境、提升绿色供给能力、合理划分农牧业功能区、优化农牧业生产资源布局与管控。引导农牧民住养分离，进行村级养殖集中托管管理，既可以极大改善人居环境、提高养殖效率，同时也为实现生态养殖、循环养殖创造必要条件。

（3）对原村庄环境进行修复，保护好村庄生态环境

加强村域内小河流生态治理和保护，在小河流治理，如流域内垃圾清理、清淤防洪等的同时，加强对乡村水资源的规划利用，丰富乡村自然景观要素；合理高效的开展"厕所革命"，要结合乡村具体的用水条件、粪便处理及村居管理的实际，兴建乡村户厕和公厕。但是鉴于目前青海省乡村基础设施尤其是上下水管网建设的薄弱，目前青海省乡村户厕仍以卫生旱厕为主，距离"厕所革命"全面胜利的目标仍有较大距离。乡村振兴战略推进过程中，仍需以人为本，在大力完善乡村基础设施的基础上，推广以社、街巷或片区为单位建设化粪池，以村为单位建设垃圾污水处理设施，全面普及乡村户用水厕，实现乡村"厕所革命"实用化、标准化；提高乡村植树绿化面积，开展美丽庭院评选，抓好生活垃圾、粪便、污水等处理工作，打造村居环境示范村。

5. 乡村组织振兴维度管理建议

乡村各项工作活动的顺利开展离不开乡村组织的核心引领。青海省乡村组织振兴工作要围绕着完善乡村组织结构的基本面，努力提高组织职能，最终实现乡村振兴的高度社会协同与公众参与。

（1）持续加强乡村基层党组织建设

乡村基层党组织是乡村振兴战略推进的终端触角，完善乡村组织结构，以助实现党建促治理、党建促振兴。吸纳致富能人、技术人才、在乡乡贤等进入组织，支持他们担任或者参选村“两委”干部。同时，积极提高村干部报酬。在某村调研时发现，该村村委会下辖7个自然村，总户数352户1522人。下设村党支部1个，村社干部8名。8名村社干部围绕7个自然村做了大量的基层村务管理工作，但由于村社干部只有6人有补助津贴，公平起见只能8人平均分配补助。这种激励制度下，乡村基层组织管理工作的效用长期来看难以有效保障。

（2）壮大村级集体经济

在青海省乡村推进村集体经济“破零”工程背景下，发展规模化集体农牧业，鼓励村级集体创办联办生产经营、劳务服务实体等，注重分类施策，充分合理利用各类扶助项目发展壮大集体经济，带动农牧民增收。农牧民对组织的认同感与基层组织的社会影响力通过发展集体经济的方法更容易实现。同时，集体经济发展壮大，也可以使乡村各类振兴有保障、有基础、有路径。

（3）多角度发挥乡村组织职能

乡村组织职能在乡村振兴过程中需要不断进行重心下移。推行村级管理“职权清单化、用权程序化、结果透明化”的阳光三权村级管理；继续引导并加强乡村社区化建设和管理，尤其对各社混住的乡村，社区的带动与管理更加重要；提高村级组织的综合服务能力，规范村级组织公共服务一站式代办机制；助力乡村法制建设，开展各类法治宣传、教育、援助等活动；开展乡村道德示范工程、道德实践活动，提高道德共建水平。

（4）充分利用发挥好乡村非正式组织效用

前期调研总结发现，青海省乡村组织管理事务是高度总体性的、细碎的、偶然性的、重复性的，这就使得规范化甚至科学化的正规基层组织管理很难应对乡村基层事务。通过借鉴湖北秭归幸福村落组织管理经验，建议在青海省乡村推行“一长八员”（理事长、宣传员、张罗员、维权员、调解员、环保员、帮扶员、经济员和管护员，实践中可相互兼职）组织制度，这种高度动员式、参与式的非正式组织，以其高度灵活性和低成本更适合乡村基层事务的管理。

四、青海省分层精准施策推进乡村振兴战略

青海省乡村地域面积广，区域发展不平衡为典型特征。改革开放后，青海省东部及产业集聚区发挥交通便利、资源集中的区位优势，率先进行区域工业化、城镇化建设，成为青海省经济相对发达的地区。与之相对，中间地带及边远乡村地区依然呈现出以农牧业为主的产业结构形态，是目前经济社会发展的相对落后地区。

从青海省乡村的对比来看，各地在资源禀赋、发展阶段、发展背景方面都大有不同，在产业化、信息化、城镇化和农业现代

化等前期发展积累上，也存在压缩发展、叠合发展和加快融合性发展的特点。如大多乡村产业化尚未成形，而信息化已先期启动，信息化发展与城镇化、农牧业现代化加快融合发展等。这些现实，除了能够为构建新型城乡关系以及在此基础上的乡村振兴提供机遇外，也带来了复杂严峻的挑战。

因此，联系青海省情农情、时代特征和战略要求，基于区域发展状况和乡村区位空间分层及乡村农牧业发展进程，分层精准施策推进乡村振兴战略才能切实提高战略的落地实效。

（一）以乡村区位空间分层精准推进乡村振兴战略

1. 城郊乡村振兴战略

城郊乡村受城市经济建设带动和城镇扩张辐射的影响，形成了利益集聚密集的特征。这些经济较发达的村庄，属于典型的人口流入地。大量外来人口租住乡村自有房屋，带动了本地房屋出租业和其他服务业的发展，创造了较一般农牧业型村庄更多的经济发展机会。密集的经济收益和多样的发展机会，除了带来城郊乡村农民的普遍富裕之外，还明显带动了这些村庄的集体经济发展壮大。集体经济规模大，产业特征突出，形成了一批颇具代表性的农村集体经济范本。如调研个案，某村形成的以花海庄园为带动的乡村旅游发展模式，集农家观光、餐饮、住宿为一体，截至 2018 年底辐射带动农户增收已达 350 余万元。某拆迁村利用政府征地拆迁款推行复合式发展模式，融合发展宾馆住宿、房屋租赁、加工制造等产业，集体经济形式逐渐多样化，产业结构多元化，全村已实现村民按户养、按月补助的良好局面。

经济较发达的城郊乡村所面临的基本问题主要包括：早期粗放发展带来的资源低效利用、缺乏科学发展规划造成的发展受限，以及针对外来人口的公共服务能力不足等问题。针对城郊乡村地区的村庄建设现状，当前乡村振兴的战略发展目标应当定位于乡村的“更强”“更富”“更美”。

（1）重视城镇资源要素向乡村转移流动

城郊乡村的一部分已经与城市融为一体，有一些也具备未来转型为城市构成的条件。在乡村振兴设计实施中，这些地区要承担城市人口和城市功能外溢的责任。目前的首要任务是，实现城镇水、电、路、信息等基础设施的畅通，加大城镇各类资源要素向乡村的转移流动。为乡村产业结构完善、创新主导产业发展提供基础。

（2）在原有产业基础上，探索高效能产业

城郊乡村在前期的发展过程中，通过大力发展集体经济，创办集体企业和各类股份合作制企业在酒店住宿、器材加工、物流仓储、农产品销售、建筑建材等行业，积累了丰富的发展经验。但随着这类乡村土地资源、人口构成等要素的变化，这些企业大都面临产业结构效能降低的问题。未来还需要结合乡村振兴战略的合理规划，找到产业发展的新亮点，积极探索一二三产业融合发展的新模式、新产品。

（3）树立美丽乡村形象，打造乡村品牌

借助位于城市辐射区的区位优势，城郊乡村前期开展的美丽乡村建设成果树立乡村良好形象，是打造乡村品牌的重要基础。怡人的乡居环境、质朴的乡村文化都是发展乡村旅游的竞争因素，而这些因素也会吸引各类生产要素向乡村集聚。通过融合乡村外在形象、内在文化树立村级品牌，是未来乡村振兴建设成果的重要标志。

2. 中间地带乡村振兴战略

中间地带乡村振兴的关键是产业经济振兴。这类乡村多处在青海省经济发展片区节点、交通节点等位置，在发展过程中由于有效的市场发展机会相对降低，区位上远离城市，这些中间地带乡村较少能享受到产业集聚和基础设施投资带来的土地增值。这类乡村发展的共性特点是，集体经济整体发展水平较低，经济结构形式简单化。集体经济发展弱，甚至目前还有个别乡村没有规范的集体企业，集体经济发展无力。除了部分乡村农牧业基础薄弱，没有制定长期发展规划外，大部分乡村还存在没有很好的推行并坚持“统分结合、双层经营”合作机制的问题。

从发展实践来看，如果中间地带乡村如果能够灵活创新集体经济结构形式，那么提振集体经济和乡村振兴的效果是非常显著的。如调研个案，某村通过统筹各类资金，整合扶贫、草原奖补、支农项目，在县城、西宁等地购置宾馆、商铺租赁收取租金，让资源变资本、村民变股民，实现村集体经济稳步“破零”，促进乡村各层面改革发展。

乡村集体经济必须充实、发展，这是中间地带乡村振兴发展的关键。

（1）拓宽思路发展集体经济，找到经济增速点

中间地带乡村要积极利用现有集体资源，如土地、文化、手工艺技术等发展集体经济，创办集体企业，争取培育出骨干龙头企业。可以利用村集体经济产业扶持政策及资金，结合自有资源及生产要素，吸引外来要素投入，发展具有公有制成分的合作企业，搞活集体经济。

（2）现有集体经济再提高，增加经济总量

现有集体经济不论何种产业方向，都要充分发挥其再生性，在已取得的收益基础上，积极开辟与现有发展产业关联度高的产业产品项目，注重产业发展的相关性，增大竞争优势、降低发展风险，为乡村集体经济总量创造更多可能。

（3）盘活资源发展混合经营，积累要素条件

对于村域内有资源但无开发能力的乡村，要通过招商引资吸引城镇资本。村集体以村域自然资源或其他类资产资金等参股进行“村企共建”。鼓励具有相对区位优势的乡村联村共建或异地兴建企业，充分发挥各地优势联动发展。而对于资源资产资金及区位优势都缺乏的乡村，着力探索将村集体资源资产化，使集体资源保值增值。

（4）村集体经济为引导，推进“协会+合作社”模式

传统的“公司+合作社+农户”模式在青海省乡村实践中看，困难非常多。一方面，合作社的构成农户在管理能力、生产能力上非常不稳定，要么名存实亡，要么很快组建又很快解体，导致青海省乡村合作社整体发展水平低。另一方面，合作社对接公司面临着要么无处对接，要么被动对接的困难。通过集体经济引导成立村级产业协会，可以有效降低无处对接、被动对接的风险。同时，村级产业协会也可以尝试引领创建特色农牧产品行业生产标准的方式，来提高产业竞争力。

3. 边远乡村振兴战略

青海省边远乡村土地主要用于传统农牧业生产，并且以普通粮食作物种植及畜牧产品初级生产为主。在一般性农业生产地区，农民的主要家庭收入在乡村以外，因为青壮年劳动力大量流失外

迁，乡村经济不活跃，乡村人气不兴旺。青海省目前，大部分农业型边远乡村呈现出典型“空心化”状态，大量青壮年村民外出务工，导致乡村土地荒废、宅基地闲置、村居凋败。乡村人口主要为留守老人与儿童，乡村赖以发展的社会结构、产业资源、公共服务等均呈现出衰败景象，乡村发展活力渐失。而对牧业区边远乡村尤其是涉藏地区乡村，由于外出务工存在语言、生活习惯、价值理念等方面的差异，“空心化”问题相对农业型边远乡村来说没有那么严重。

边远乡村乡村振兴发展的困难表现在多个层面，如基础设施尚待完善、人才外流、交通不便、乡村产业发展内生动力不足等。

综上所述，青海省边远乡村乡村振兴的关注重点应当是基础设施建设、产业培育、特色提炼。

（1）借力乡村振兴，完善乡村基础设施

边远乡村基础设施投入不足与使用效率低下问题比较普遍，有的乡村通讯不能有效保障，制约了信息沟通；有的乡村入村道路因为处在生态保护区等原因至今未能铺设；有的乡村村级医疗室、文化活动室等尚未完备，这些都需要在振兴过程中借助通讯扶贫、医疗扶贫、文化扶贫等项目逐步加以完善。

（2）做强主导产业，贯通产业链

青海省边远乡村目前及未来的主导产业为农牧业尤以畜牧业为重。具有优势发展基础的畜牧业要重视提高产业效能、贯通产业链。发展优质传统农畜产品品种种养殖，发展生态种植养殖、舍饲养殖，推广科学种养殖技术；扩大村养殖合作社发展规模、培育农牧民合作组织，鼓励支持种养大户发展家庭牧场，引导各类家庭牧场开展多形式、多环节的联合，积极对接消费终端。

（3）创造产业发展条件，培育产业特色

青海省边远乡村大多处在生态保护区内，农牧业发展的机会条件中自然资源、品种品质资源有较强竞争力，但由于边远乡村受制于交通区位、信息通讯的限制等原因，吸纳社会资源的能力有限，尤其在技术资金方面问题最为明显。这些乡村在完善基础设施的同时，充分发挥乡村组织及乡镇级政府、农村信用社、基层银行机构的融资职能，利用农村信用社小额贷款、双基联动合作贷款、"530 贷款"等方案为边远乡村发展提供资金支持。同时，大力推动技术下乡、各类技术培训。以农牧民技术需求为出发点，进行周期性、持续性的技能培训。产业特色的挖掘可以集中在自然资源（尤其是未被污染的土壤、草场、水源等）、品种（尤其是原生品种）等要素进行提炼。

（二）以乡村农牧业发展进程分层精准推进乡村振兴战略

1. 传统农牧业乡村振兴战略

在特定气候、地理条件下，传统农牧业乡村在长期的乡村发展过程中形成单一化的简单产业结构有其必然性。从当前青海省传统农牧业乡村发展实际来分析，短期内这种单一的产业结构很难得到大的改观。所以，传统农牧业乡村发展振兴的思路是进行特色种养殖基础上的农牧产品深度商品化、差异化，并积极尝试农牧产品礼品化经营，同时发展与主导产业有较高关联度的相关产业。另外，由于这类乡村不同于异地搬迁村、原址新建村，大多较好地保留了村落原有的民居外观、自然人文旅游资源遗存等，具备发展乡村旅游的基础条件。

（1）大力发展特色种养殖业

截至 2018 年 10 月，青海省获国家地理标志产品称号的产品已有 91 种。要借助地标产品对产地的有效保护，大力发展地理标志认证产品的种养殖及加工，提高认证区域整体收益。另外，围绕农牧业十大优势产业，如马铃薯、毛绒、饲草料等，加快生产基地建设，获得规模效应和集聚效应，还可以尝试生产适合传统农牧业乡村种养殖的新品种，如油用芍药等，集观赏、食用、药用等多方面的综合经济收益。

（2）延伸发展乡村旅游业

传统农牧业乡村普遍拥有丰富的自然景观资源，在长期生产生活的积累中又形成了诸如传统民居、宗教习俗、风俗习惯等人文景观及文化资源。这些自然及人文资源都是开展乡村旅游的必备条件。通过整合乡村基础设施，发展主题农家、家庭牧场、生态农庄、农业科技生态园、农业博览园、度假村等，可以提供农事活动体验、马驹领养、农业风光体验、农业教育体验、农业科技交流、农产品销售、健康养生等多方面内容。

（3）积极推进农村电商

在青海省民政厅牵头的 100 个农村社区建设试点村项目基础上，大力推进农村电商和乡村社群新零售工作。借助“互联网 +”和大数据的支持，降低区位交通局限性，有效转化线上与线下需求，改革农产品流通模式，拓宽产品销售渠道，缩短并减少渠道中间环节，发掘农产品新市场。

2. 现代化农牧业乡村振兴战略

借助自然地理区位优势、产业发展特色、龙头企业带动等条件，现代化农牧业乡村的乡村振兴发展重点要体现在产业、生态、文化、生活等多个方面。围绕发展要求，现代化农牧业乡村振兴要从提高农牧业产品增值水平、产业链发展、品牌管理等方面具体实施。

（1）农牧产品精深加工提高增值水平

首先，可以发掘初级产品的不同消费方式，将不同的食用方法或方式添加到初级产品当中，生产出即食类、方便类等食品，如牦牛初乳奶粉等；另外，可以提炼农牧产品中的不同成分，生产食品、保健品、工业原料等，如青稞胚芽麦片等，还有把农牧产品加工成各类食品，如枸杞叶茶等。

（2）延长产业链，加快农牧企业快速发展

从营销管理的要求出发，农牧业发展需要在发展现代化、规模化种养殖的同时尽可能延长产业链，完善种养殖—精深加工—物流仓储—销售—售后的完整产业链条。利用“互联网 +”和新零售的环境条件，提高农牧产品生产加工的市场敏感度，紧跟需求，将线上线下消费需求及时有效转化。

另外，应现代化农牧业的发展要求，可以通过灵活的土地流转方式，支持现代化农牧企业的发展。

（3）打造各类农牧业品牌

特色农产品及地理标志农产品由于自身具有的先天差异性特征，在市场流通时竞争力与市场辨识度较高，也能产生优于普通农牧产品的收益。而大宗农牧产品，由于差异性特征不明显，社会总产量高，需求弹性小的原因，在市场流通时收益容易受各类宏微观环境因素的影响。

农牧业品牌的建设管理可以在产品、行业、企业、乡村等各个层面获得实效。大力推进现代化农牧业乡村振兴中的农牧产品地理标志认证工作，获得产地保护；打造农牧业企业品牌，获得企业增值、龙头带动效益；树立现代化乡村品牌形象，获得乡村无形资产增值等。

3. 生态乡村高端发展振兴战略

生态乡村要倡导生态环保的可持续发展理念，构建完整的生态产业发展系统，包括乡村规划，生态产业和绿色生态的生产生活习惯养成。生态乡村要在产业经济、村民生活水平、乡村文化建设等方面协调互助发展。

这类乡村在生态文明建设发展中，乡村振兴战略的重点是深化一二三四产业的融合发展。

（1）农牧业与第二产业融合

筛选符合青海省生态乡村建设要求的第二产业，积极探索一二产业融合发展结构。如在分布式光伏、集中式光伏产业落地的基础上，推进农牧业光伏产业建设；风电建设点状土地征用的同时，利用间隔土地从事农牧业生产。条件成熟的地区还可尝试发展一二产业融合基础上的观光旅游业。

（2）农牧业与第三产业融合

第三产业社会经济效益明显，产业发展潜力大。生态乡村可以在一三产业融合的发展方面进行有效创新。如农牧业与餐饮业、房地产业、旅游业、文化创意产业等进行融合发展，可以发展农牧产品直营餐饮、生态农庄（牧场）、农牧业园区、康养地产、养老地产、农事节庆活动、乡村文创等产业模式。

（3）农牧业与第四产业融合

第四产业是具有社会公共特性和承担行政管理职能的产业，如教育、环保及民族事务等。农牧业与二三产业融合过程中出现的农牧业园区、农事节庆、乡村文创等产业模式本身也承担了农业教育、乡村文化传播、民族文化融合的作用。一四产业的融合发展可以提高农牧业的社会收益，更好的实现第四产业的社会公益职能。

生态乡村通过深化一二三四产业的融合发展，极大的激发集体经济活力，为乡村全面振兴创造优越的基础条件。

五、青海省分层精准施策推进乡村振兴战略的落地方法

（一）创建农牧业产业服务中心

农牧业作为青海省的优势产业，现已成为各类乡村产业发展选择的主导产业。农牧产业的现代化、规模化发展需要借助产业指导、产业发展咨询、参观交流、组织活动、技能培训等综合服务来完成。为了实现各类服务一站式提供，提高服务效率，应让农牧业发展乡村积极落地农牧业产业服务中心。以服务中心为平台，集合各类产业发展资源，实现农牧业产业生产与市场的对接。

1. 产业发展指导

协助基层政府制定产业发展规划和生产周期计划；指导农牧业产业化、标准化建设，实施农牧业新品种、新技术的示范推广工作；进行生态环境监测，做好生态乡村建设的监督保障，协助开展动植物检验检疫，提高农牧产品品质。

2. 产业发展服务咨询

提供乡村发展政策、乡村发展规划、产业帮扶政策、行业标准等方面的咨询，协助基层开展特色农产品、地理标志产品等项目的申报工作。

3. 组织承接参观交流

设置农牧产品、乡村文化、生产流程展示区，以产业服务中

心为平台，接待产业投资方，引进人才、技术交流方、产品采购方等进行参观交流，有效进行农牧产品集中展示。

4. 组织开展产业活动

围绕农牧业发展，组织生产劳动技能竞赛、技术交流、培训讲座、商务洽谈等产业活动。

5. 大力开展技能培训

以产业服务中心为依托，广泛号召社会技术资源，定期组织开展农牧业生产技术技能培训，深入了解调研乡村基层群众现实培训需要，量身打造符合产业发展及乡村振兴要求的培训项目和内容，引进农牧业相关产业技术落地，提高广大农牧民职业技能和从业素质。

（二）落地加工物流产业园

乡村振兴的关键是产业振兴，围绕农牧产品产业结构优化基础上的农牧业现代化发展过程，首先要从农产品的本质特征出发，客观分析，扎扎实实开展农产品产业链管理工作。青海省乡村农产品的共性特征有：具有深刻的季节性和地域性特点；农牧产品生产周期长、抗风险能力弱、地域性差异突出;产品储存难度较高，运输效率较低，大部分农产品属生鲜产品，对储运提出更高的标准要求；产品的需求弹性小，市场灵敏度不高，市场培育和消费需求的引导需要加大工作力度；产品生产加工过程的安全性要求高，应农产品消费趋势变化的引导，对青海省农牧产品的安全生产加工提出了更高的要求。

总结以上青海省农产品特征分析，以及青海省现阶段农牧产业的发展现状，要在产品消费市场中占有主动权，实现农牧产品上行，问题的关键是产品保质增值基础上的物流与渠道。这就要求，青海省乡村分散的农牧产品生产与加工进行规模化、产业化发展，需要先期铺垫完成建设以乡镇为基本单位的农牧业产品加工的物流产业园。

农牧业产品加工物流产业园建设的发展思路是，以产业园为发展载体，大力培育和发展多种所有制市场主体从事农牧产品的收购和加工经营，积极引进农牧产品流通和农牧产品加工企业，形成集农牧产品仓储、物流、加工、销售、副产品深加工和食品深加工为完整产业发展链条的产业集约发展平台。完成加工物流产业园建设发展思路的同时，可以从以下几点进行充分的创新。

1. 要创新短链流通模式

充分挖掘提炼产品特色，创造物流条件。探索农牧产品专卖店营销，大力拓展对接餐饮、商超渠道，做好参展招商等工作。积极推动产地市场和新型经营主体与超市、社区、学校等消费终端对接，探索发展订单农牧业模式。

2. 要创新产销对接方式

从各乡村农牧产品品类、地域条件和营销环境出发，完善农超对接、农批对接、农产品直销等模式。打造农牧产品产地预冷等冷链物流基础设施网络，大力推进电子商务、大数据基础建设。在各类分层管理乡村尤其是贫困乡村开展季节性促销、扶贫促销等产销对接活动，积极实践展会推销、网络促销等，探索形成完整稳定的销售网络与合作关系。

3. 要创新产品上行运营管理模式

在青海省前期开展的农村电商发展基础上，继续加大对边远地区乡村网络通讯基础设施的投入，为这些地区创造更好的信息沟通与网络营销条件，帮助进行农牧业经营主体、加工企业与电商平台的对接，将线上需求现实化，使线下资源与线上需求有效对接。充分利用信息通讯网络基础，更好地完成物流产业园的产业引导、政策宣传、产品推广等职能。

（三）实施品牌乡村工程

随着农业产业化的深入，大量社会资源进入农产品生产、加工及流通领域，为农业和乡村的发展带来了新理念、新动力。2017 年，国务院将每年的 5 月 10 日确定为中国品牌日，这表现出国家层面大力推进品牌建设的决心，也标志着品牌建设进入全面发展上升期。2018 年以来，农业农村部总结多年发展实践的经验，通过深入研究，出台《关于加快推进品牌强农的意见》，为优化农业产业竞争结构、突出乡村差异性特点找到了突破点。品牌乡村工程是一个由局部到整体、由微观到宏观的系统工程。具体的小区域农牧产品到大区域乡村形象都将从中获益。

1. 培育农业区域公用品牌

以乡村产业生产区域划分为基础，培育农业区域公用品牌。设立统一的区域农业品牌标识、统一的产品标准，推行“企业 + 农户”整合营销，从优质农牧产品着手，统一质量标准、检验检疫、营销运作，构建价值内涵丰富、形象鲜明、品质优良的区域公用品牌，把生态优势、品种优势转化成品牌优势。建立农牧产品全程可追溯体系，增强品牌公信力。充分发挥区域农业品牌引领示范作用，最终达到与地标产品等同的影响带动作用。同时，还要增强品牌乡村工程活性。不断提炼创新农产品品牌的文化内涵，通过自办或参加各类农牧产品展销会、博览会，利用各类媒体及互联网平台的方式，对品牌乡村工程广泛宣传、大力推介。

2. 开展各类产品认证培育品牌

有特点、有优势的农牧产品，符合认证条件的，积极联合农牧业服务中心开展无公害农产品、绿色农产品、有机农产品、地理标志产品申报，创建农牧产品品牌。有条件的乡村还可申请农牧产品商标注册。以认证标准为生产标准，开展后续品牌管理，严格生产加工，规范农牧产品营销管理，实现品牌增值。

3. 帮助企业注册商标创建品牌

借力加工物流产业园，鼓励并帮助集体经济组织、生产、加工企业注册商标，打造生产及流通业品牌。开展完整的品牌管理，对农牧产品市场进行有效细分，针对不同细分市场生产对应产品，实施差异化市场策略；以品牌建设为助力，积极引导并培育市场，引导消费，扩大市场需求。

4. 激励乡村树立乡村品牌形象

乡村振兴战略实施的最终目的，是打造环境怡人、生活幸福、富有活力的具有一定社会知名度和影响力的乡村。较好地融入自然的乡村环境、淳朴的乡村文化、生动的乡村生活、特色的农牧产品等都是乡村形象无形或有形的载体。尤其是对可以发展乡村旅游的地区，乡村品牌形象等同于旅游目的地形象，这是开展旅游及其他产业，并带动乡村吸引社会资源的重要名片。应在筛选乡村特征要素后，提炼优质要素，凝练总结，形成富有特色的，有较强导向作用的乡村品牌。

（四）发展田园综合体

2017 年 2 月 5 日，中共中央、国务院公开发布《关于深入推进农业供给侧结构性改革　加快培育农业农村发展新动能的若干意见》。其中第 16 条提到：“支持有条件的乡村建设以农民合作社为主要载体、让农民充分参与和受益，集循环农业、创意农业、农事体验于一体的田园综合体，通过农业综合开发、农村综合改革转移支付等渠道开展试点示范。”这是中央文件第一次提出“田园综合体”这个概念。田园综合体是在城乡一体的格局下，顺应农村供给侧结构改革、现代化新型农牧业发展的趋势，结合农村产权制度改革，实现乡村现代化、新型城镇化及社会经济全面发展的一种可持续性模式。有助于实现一二三产业的深度融合，是乡村振兴、实现乡村现代化和新型城镇化联动发展的一种新模式。田园综合体的建设要以农牧民为主体，围绕主导产业，从产业的支撑、配套、派生方向，以农牧产业、文化旅游、农业地产三大产业模块进行融合联动发展（图 1–8 田园综合体联动模式）。

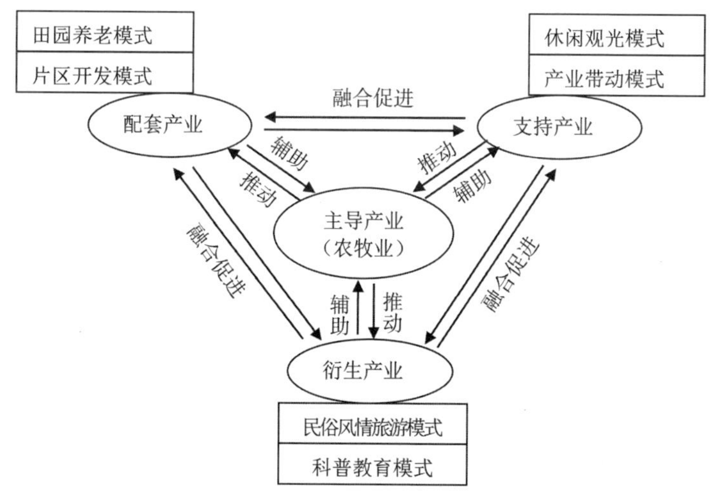

图 1–8　田园综合体联动模式

1. 循环农牧业普及化

利用物质循环再生原理和物质多层次利用技术，兼顾协调生态、经济、社会综合效益，实现资源利用效率最大化、污染废弃物体最少化的农业生产方式。一是，通过配套农业设施农业生产技术、畜牧标准化生态养殖技术等，形成“畜牧粪便—（沼气）—燃料—农户”或“畜牧粪便—有机种植—农产品/饲料”的产业链。二是，提炼乡村文化，进行文化创意和产业融合，通过“农业+文化”“产品+艺术”“生产+生活”的融合，拓展农牧业功能，实现传统农牧业生产功能向“生产+生活+文化”的综合功能的转化。三是，以有机、绿色农牧产品为依托，发展产业化休闲农业，实现“农牧产品生产+参观游览+采摘体验+餐饮消费”的产业增值链。

2. 创意农业多元化

以农业审美体验、农事体验为核心，使综合体承担养生、审美、愉悦身心的功能，提供给消费感受者放松身心、融入自然的综合消费体验。将科技和乡村人文融入农牧业生产，更多的拓展农牧业功能、整合资源，把传统农牧业创新为融生产、生活、生态为一体的现代农业。

3. 农事劳动商品化

农牧业生产活动及过程、乡村高融入感的自然生态、乡村风俗文化和农家生活，这些元素本身就对城镇消费者极具吸引力，农牧业生产现场展示、乡村食品土特产制作展示等，通过农事劳动要素商品化运作，使城镇居民身临其境地体验农业、农村、农民资源，满足愉悦身心、亲近自然的需求。

目前，结合青海省适合发展田园综合体地区的实际条件，实践性高的具体模式有：一，田园养老模式。以休闲农牧业为主体，利用乡村特殊的自然养生条件及富有乡趣、利于身心的人文环境，与生态休闲、农牧业旅游等结合，把家庭度假、养老养生、儿童教育、有机农业等相结合；二，片区开发模式。以基础设施建设为铺垫，引导农牧民把握市场需求结合当地优势，集中连片开发观光农牧业及各种休闲体验项目，并结合域内田园、游牧景观和民俗文化，兴建休闲娱乐设施，提供休憩、度假、娱乐、餐饮、健身等服务，如度假村、体闲农庄等；三，产业带动模式。在生产特色农牧产品，树立品牌基础上，利用休闲农业的发展模式，吸引城镇消费者前来购买农牧产品，从而带动产业的发展，如休闲农业园、集合餐饮购物等功能；四，科普教育模式。主要提炼这两方面：一方面是传统农耕文化、耕读文化。这是乡村在衍生发展中，滋养出的生产场景、传统农牧业生产工具、生活器具、村规家规等内容。另一方面是乡村饮食文化。这就要做到就地取材、传统制作、餐饮环境朴素富有乡趣，食品健康营养；五，民俗风情旅游模式。以风土人情、民俗文化为旅游吸引物，开发农耕展示、节庆活动、民间歌舞等活动，增加乡村旅游的文化内涵；六，休闲农场或观光园模式。先期发展的农业科技园、农牧业基地、家庭农场等单位，除单一的生产示范、产业带动职能外，兼具休闲和观光等多项。

（五）创建有优势内涵的特色小镇

特色小镇准确的理解是以产业发展为载体，创建关联企业协同创新、合作共赢的企业社区，为企业和相关发展主体提供市场化运作及空间边界明晰的创新创业发展空间。由此可见，特色小镇的核心是产业，是否能准确地选择恰当的特色产业决定着小镇的未来。乡村振兴战略的实施为特色小镇建设提供着先决条件，而特色小镇的发展可以创造宜业宜居的生态人文环境、提高人口吸纳集聚能力、增强群众的幸福感和获得感。这些收益本身与乡村振兴的战略要求是完全契合的。

特色小镇建设分为三个类型：以提供技术与金融服务类产品为主，可建成为信息经济小镇、金融小镇等；以提供实物类产品为主，可建成环保小镇、健康小镇等；以提供体验服务类产品为主，可建成旅游小镇、历史小镇。

特色小镇建设的关键点是：一，选择优势产业。立足区位条件、资源禀赋、产业基础和地域特征，选择基础最牢、潜力最大、活力最高的优势产业，系统优化营商环境，鼓励企业扩大投资，延长产业链、创新供应链、提升价值链，吸引人才、技术、资金等资源要素向小镇集聚；二，差别化产业定位。要突出特点，避免同质化竞争，提升小镇在细分产业及市场上的影响力、号召力；三，高端产业布局。引进创新能力强的领军型团队和成长型企业，加快提档升级转型，提升小镇产业发展层次；四，扎实项目投资。企业投资要突出有效，将小镇建设与实体经济发展紧密结合，推动产业内融合创新，提升产业转型与创新的含金量，创建出特色优势产业。

（六）开展智慧乡村建设

乡村振兴战略实施过程中，将智慧城市建设积累的实践经验，移植到乡村建设中，创建智慧乡村，这符合新时代城乡融合发展的现实要求，也是缩小城乡差距，实现城乡有机融合发展的有效办法。乡村振兴战略的实施如果有农业农村专门数据的支持服务，将达到事半功倍的效果。先要全面收集乡村人口、资源、环境、产业、建筑、管网、交通等基础信息，然后将信息数据化处理和加工，可以最终建立起乡村治理、农牧业生产、民生社会等各个方面联系的，具有各地乡村特点的数据采集、运算分析、应用服务的综合体系。

智慧乡村建设要抓好顶层设计和运营模式设计。要以各级政府组织为主导，广泛开展乡村基础信息数据的统计收集工作，协调相关部门实现数据的共享利用，构建乡村基础信息数据库。选择基础条件好的乡村，先期开展智慧乡村试点工作，完善运营管理模式，以市场经济规律为指导，建立健全利益分配机制，鼓励通讯运营商、电商平台、金融机构等参与建设管理，兼顾生态与社会综合效益。配合智慧乡村建设的同时，还要做好政策保障、建设指标考核、乡村信息数据基础设施建设、乡村人才知识技能培训等配套工作。

（七）搭建绿色金融平台

当前，乡村振兴过程中乡村金融面临的压力和问题有：随着城市污染逐渐向乡村转移流动，部分企业的绿色信贷要求因环保问题被城市金融否决，它们可能会在乡村振兴战略号召下转向乡村发展；青海省广大乡村地域辽阔、村落分布分散，环保监测的资金压力很大，生态建设以及乡村振兴面临挑战；已经在乡村及其周边建成的污染企业依然存活，甚至有些还在扩大规模，这对乡村生态环境产生了人为影响；乡村人居生活环境改善的压力依然存在，垃圾发电、“厕所革命”等项目的推广与实施，需要持续的资金支持。

绿色金融以绿色经济发展理论和金融学理论为指导，融合金融创新与环境保护开展金融服务，这是乡村振兴战略开展的资金保障来源。在融资政策、贷款主体、贷款条件、贷款种类和方式等方面施行绿色信贷。应农业与乡村发展要求，还包括有绿色保险、绿色基金等各类金融衍生品。

为解决乡村金融面临的现实问题与挑战，需要在青海省乡村振兴过程中，大力推行绿色金融管理。

1. 加大宣传、提高对绿色金融价值的社会认同

农村金融风险高，收益低，金融机构对绿色金融标准有较大的顾虑，金融产品消费主体考虑到成本风险等原因，对绿色金融的接纳程度也较低。因此，需要加大绿色金融综合收益宣传，增强各方的绿色金融价值驱动力。

2. 创新乡村的绿色金融业务

现有可见的绿色金融业务一般规模较大、涉及资金多，而乡村金融机构体量小，能力弱，难以承担绿色金融工作。因此，需要鼓励扶持乡村金融机构进行差异化经营。如推出绿色环保 PPP 项目，绿色小额信贷，与厕所革命和清洁能源推广相配套的专项资金等。

3. 完善绿色金融信息评价体系

通过完善评价体系，提高绿色金融产品综合效益。在绿色金融产品落地消费过程中，实现企业环保信息查询—金融机构反馈—环保信息更新—环保信息反馈的信息双向利用机制。

六、青海省分层精准施策推进乡村振兴战略实施的保障机制

在先期开展并已取得突出成效的美丽乡村建设基础上，青海

省的乡村振兴工作正在稳步扎实开展。乡村振兴是一个长期而艰巨的农村建设管理过程。从目前情况来看，在体制机制配套中，降低乡村振兴战略实施阻力，核心是要继续深化改革，去除影响城乡要素融合发展的体制机制障碍。在政府管理层面，通过政府效能改革提供为乡村振兴战略实施的各类政府服务；在基层管理方面，提升县级政府综合服务能力，培养村级基层组织自治能力。为乡村振兴战略的有效实施，形成通过政府主导、社会投入、基层自治等多方联动、有序推进的保障机制。

（一）合理编制乡村振兴战略

乡村振兴战略规划不是传统意义上单一村庄（或者某一行政区域内）的空间规划、土地规划、产业规划。如何将乡村各方面的发展需要融汇贯通，做到各地乡村区域上的一体化设计，内容上的多规合一，才是乡村振兴战略规划的核心要义。

乡村振兴战略规划的编制，要紧紧围绕产业兴旺、生态宜居、乡风文明、治理有效、生活富裕的总要求，立足各地基础条件及前期乡村发展成果积累，精准分析城乡关系、产业结构、资源构成，进行准确的乡村振兴发展定位。统筹生态保护、产业发展、基础设施、土地利用、社会保障与体制机制改革、乡村治理、乡村文化保护与传承，在尊重青海省乡村差异性的基础上，结合各地实际提出各具特色的可操作性强的乡村振兴战略规划。

围绕《青海省乡村振兴战略规划（2018—2022年）》目标要求，青海省乡村需完成的规划体系包括：《县域乡村振兴战略规划》《县域乡村振兴总体规划》《乡/镇/集聚区（综合体）规划》《村庄规划》《乡村振兴重点项目规划》五个层次。

首先，在充分进行实地调研分析调研资料后，重点进行两方面分析。一是城乡关系分析，主要围绕城乡资源要素交流、城乡产业布局结构、城乡生态空间构成、城乡融合发展模式等。二是对乡村发展现状的分析，主要围绕交通区位特点、产业构成、资源禀赋、人口结构、自然环境、乡村文化、村容村貌、治理现状等进行完整地分析。

其次，进行乡村振兴总体定位，编制目标体系和总体发展框架，形成乡村振兴战略实施计划及分阶段发展规划。

最后，结合实际，具体完成乡村的基础设施及公共服务、产业发展、空间布局、社区社群布局、乡村治理、人才储备等分项内容。

（二）深入完善技术支撑体系

城乡关系梳理中不难发现，乡村发展滞后、内生动力不足、产业结构单一、乡村文创滞后均受到技术支撑不足的影响。乡村振兴的生产生活基础设施技术水平、农牧业生产技能水平、创新发展产业的技术支持等决定了乡村可持续发展和生态乡村的建设。

1. 继续完善乡村生产生活基础设施及技术支持机制

提高农村公路覆盖深度和网络化水平，加快构建村级公路养护资金投入保障机制、养护规范和考核体系建设。加快城乡客运服务一体化，提高城乡客运客车通达深度。在完善交通节点，贯通物流设施基础上，建设现代化物流体系、村级物流服务点、快递收发点等；推进智慧水利建设，以水利信息化支持水利现代化发展，提高乡村水资源利用率；建设乡村能源体系，完善能源基础设施网络，推动清洁能源利用，推广农牧区绿色节能建筑和节能技术、产品；加快农牧区乡村宽带普及，缩小城乡信息差距，探索农牧区信息创新应用模式，推广远程教育、远程医疗、信息综合服务等。

2. 继续完善各类技能技术培训机制

在已有的技术下乡、技能培训框架基础上，以政府及基层乡村组织为主体，整合各类社会技术资源，开展不同层面、形式、内容的乡村产业、生产技能技术培训。提高乡村已有生产项目的技术水平，满足群众技能培训的现实需要，使技能技术培训更高效地转产能、出效益。

完善技能培训体系。首先，要对培训内容进行先期调研，从乡村群众的自主需求、市场需要、产业发展要求等角度进行精准筛选，找到培训需求重点；其次，改革原有短频快的技能培训模式，将培训内容进行系统化、长期化的优化设置。推行定期技能培训，形成由简入深、含金量高的技能技术培训体系；最后，开展技能竞赛，提高农牧民群众参与技能培训的积极性，选拔技能标兵，树立致富能手，起到以点带面的作用。

（三）改革人才吸纳机制

现有的乡村管理人才选拔机制，以人事考核成绩评定选用。“很多考上被任用的都是学习成绩好的人，可是他们来我们农村尤其是牧区，语言不通，生活不习惯，甚至气候都适应不了。开展工作吧，也不了解我们的情况。结果，没干多久，人家就考到更好的地方去了，甚至直接就不干了。”这是调研中一位基层干部的话。通过传统人事考核方式选拔的村镇级干部可能存在语言不通、不熟悉当地乡村实际情况、缺乏扎根精神、群众认同感低的问题。他们最终成为乡村发展中匆匆的过客，待到有更好的发展机会便会离开乡村。所以，传统的人才选聘机制一定程度上忽略了本土人才的天然优势。本地人才虽然在基础教育素养方面竞争优势不明显，但胜在熟悉当地乡村实际，进行管理沟通等工作更接地气。这些人才是本省乡村振兴发展中宝贵的中坚力量，他们更留得住、更得人心、更能成为乡村振兴的推动者。

乡村要振兴，农牧业要发展离不开人才。吸纳人才到乡村工作难度大，而使人才在条件艰苦的高原乡村扎根工作难度更大。因此，调整人才任用选拔机制是目前青海省乡村实际需要改革的部分。应增加对民族文化认同（包括语言文字）、基层工作信念等方面的考察，增加对本土人才选拔培训的力度，必要时给予政策上的倾斜。同时，对复转退伍军人、回乡创业人员等提供更现实的收益、多方面的激励和保障，充分发挥这类近乡人才的积极示范作用。

结合各地乡村振兴发展的需要，有计划的培养在城乡规划、农创产品开发、乡村公共服务、文化宣传与文化传承等方面有工作潜力和带动引领作用的人才；对乡村振兴发展中稀缺的各类人才进行统计，精准配备、加强管理。

（四）创新乡村文化发展模式

调研过程发现，在前期乡村建设过程中，对乡村文化的保护挖掘工作一定程度上是滞后的。已建成的美丽乡村人居环境得到极大改善，乡村基础设施如道路硬化、乡村亮化、民居改造等都取得了卓有成效的进展。但不能忽视的是，传统乡村的建筑风貌、乡村文化在乡村快速发展过程中受到了不同程度的冲击和影响。新居的改扩建造成传统民居的废弃，传统民俗也受到外来文化的巨大冲击而日渐凋敝，农事生产的现代化使原生态的生产形式被大大简化。而这些日渐衰微的乡村文化符号恰恰是乡村振兴中的灵魂所在。

振兴乡村，核心是文化。乡村文化符号的有形化、品牌化可以创造巨大的经济、社会收益，最关键的是，乡村文化的振兴可以激发乡民的自尊自信，提振乡村发展动能，培育乡村发展的内生动力。

首先，文化信心的提振。抢救恢复传统乡村原有的生活方式、情感线索、文化符号、乡村价值观，使它们与当代价值文化相互碰撞，摩擦出新的价值和文化活力。宣传号召乡民珍视乡村文化，积极主动传承发扬乡村优秀文化，把文化发展、振兴与日常生产生活紧密结合。

其次，文化载体的保护。重视原生建筑的保护，严格合理的进行村庄规划。融于自然生态环境的乡村原生建筑是乡村文化的典型代表。东部农业区传统庄廓、藏族古堡、撒拉族木栏式建筑，这些极具特色的传统民居既是最有效的文化载体，也是文化传承、开展乡村旅游的重要资源。

最后，文化形式的再创造。利用乡村文化的丰富内涵，结合发展智慧乡村模式、实景演出模式、民族文化创意商品开发模式、民族传统技艺保护和传承基地模式、乡村创意生活与休闲乡村模式、节庆会展与创意民俗模式、乡村文化创意园区模式。

七、结 论

乡村振兴是未来乡村管理工作的主导方向，乡村管理需要按照乡村差异性特征进行层次划分，因地制宜地开展管理工作，充分发挥管理理念的引导作用。在特定环境下，为了获取良好的管理效果，必须明确管理方的发展层次，按照其真实特征与需求，以适用性为原则，确定有效的管理方法，高效利用现有资源，取得更好的管理效益。

探寻分层精准施策指导推进乡村振兴战略研究，对解决城乡发展不均衡、农业供给侧与需求侧的普遍问题具有重要指导意义；对培育新型农业农村经营主体，促进青海省乡村一二三四产业融合发展具有重要的支撑作用。深入开展乡村振兴战略研究，也是促进农村现代化、提升农民满意度、让农民认可政策导向的必然要求。

青海省乡村振兴工作的开展要立足于扎根各地乡村发展的差异性，体现实事求是、因地制宜的精准施策理念。通过对乡村振兴产业、人才、文化、生态、组织五个维度的客观分析与判断，结合区位空间、农牧业发展进程分层对乡村进行精准定位，准确选择各地实施乡村振兴战略的落地方法，并通过配套合理的乡村振兴规划战略、深入完善技术支撑体系、改革人才吸纳机制、创新乡村文化发展模式等乡村振兴战略保障机制，有效推进青海省乡村振兴战略落地实施。

第二章
青海省后扶贫时期乡村振兴动力保障机制研究

一、研究背景

党的十八大以来，以习近平同志为核心的党中央把脱贫攻坚摆在治国理政的突出位置，将扶贫工作理论贯穿到习近平新时代中国特色社会主义思想科学体系中，融入新时代中国特色社会主义建设的时代命题中。脱贫攻坚的五年，既是坚持和完善中国特色社会主义制度的实践史，也是中国共产党带领中国人民战胜贫困的奋斗史。脱贫攻坚取得的巨大成就，既是中国共产党的领导和中国社会主义制度优越性的现实体现，也是各族人民同心聚力共谋民族复兴的丰硕成果。

2018 年 2 月，中共中央、国务院正式提出“做好实施乡村振兴战略与打好精准脱贫攻坚战有机衔接”的工作要求。青海省作为国家“三区三州”主战场之一，所辖 45 个县（区）绝大部分地区属于“三区三州”和“六盘山集中连片特殊困难地区”[①]，脱贫攻坚及与乡村振兴的衔接任务既艰且重。为了如期高质量完成脱贫攻坚任务，青海省各级干部群众，聚焦中国特色社会主义事业“五位一体”“四个全面”战略布局及青海省“五四战略”“一优两高”重大战略部署的现实要求，扎扎实实、众擎易举谱写了可歌可泣的脱贫史。

随着2020年脱贫攻坚取得决定性成果，青海省贫困地区原本深度贫困的经济社会面貌获得了根本性转变，扶贫工作也转入更具综合性、精细性、持久性的后扶贫时期。

在解决相对贫困并全面建成小康社会，满足广大农牧民基本生存需求并转向美好生活需要的现实境况下，保障乡村振兴战略高效推进成为中国特色社会主义进入新时代做好“三农”工作的当务之急。乡村振兴战略的重点是在脱贫攻坚成果的基础上，进一步提升农村基础设施和公共服务体系、乡村治理及乡风文明等建设水平，并致力于解决区域发展不平衡的问题，属于解决新时代社会主要矛盾的整体性战略。这项重大战略也是习近平新时代中国特色社会主义思想在后扶贫时期指导全国人民实现“两个一百年”奋斗目标和中华民族伟大复兴中国梦的必然要求。

青海省自脱贫攻坚战以来，各县（区）委、县（区）政府深入学习领会习近平总书记关于扶贫工作的重要论述，认真贯彻落实中央及省委关于精准扶贫工作系列会议精神和决策部署，细化实化政策措施，因地制宜，因村因户因人精准施策。基础设施和

---

① 全国集中连片特困地区覆盖680个县，国家扶贫开发重点县共计592个，集中连片特困地区包含440个国家扶贫开发工作重点县，共计832个县，俗称“国家级贫困县”。

公共服务情况明显改善。易地扶贫搬迁、危房改造、教育扶贫、社会保障等政策措施到户、到人总体精准，贫困人口退出路径清晰。脱贫攻坚积累的宝贵经验将是下一步后扶贫时期解决相对贫困核心问题，有效实施乡村振兴战略的基础保障。总结青海省脱贫经验、凝练创新思想，是对习近平新时代中国特色社会主义思想学习、贯彻、实践的根本体现。

二、青海省脱贫攻坚实践经验

青海省上下在脱贫攻坚期间，齐心协力、万众一心。按照2018年2月12日，习近平“清醒地认识把握打赢脱贫攻坚战所面临任务的艰巨性，清醒认识把握实践中存在的突出问题和解决这些问题的紧迫性，不放松、不停顿、不懈怠，提高脱贫质量”的要求[①]。2020年4月13日，青海省政府公示宣布：2019年拟摘帽的17个贫困县（区）：民和县、乐都区、化隆县、共和县、贵德县、泽库县、同仁县、尖扎县、杂多县、治多县、囊谦县、曲麻莱县、玛沁县、班玛县、甘德县、达日县、久治县均符合摘帽程序和标准，拟摘帽退出。这标志着青海省脱贫攻坚历史任务顺利完成。17个贫困县所辖贫困村退出率达到100%。基于作者前期调研及相关研究成果总结可得，青海省脱贫攻坚期间获得的宝贵经验主要有如下方面。

（一）党建铸基引领脱贫攻坚

摘帽县（区）高度重视党建引领，充分发挥党建工作在脱贫

---

① 2018年2月12日，习近平在打好精准脱贫攻坚战座谈会上的讲话。

攻坚中的各项优势作用，强化组织领导，全力形成“县—乡—村”三级书记一起抓脱贫的工作格局，层层抓好制度落实。同时，积极宣传党中央国务院、省委省政府颁发的各项扶贫开发惠民政策，抢抓广大农牧民群众的思想教育阵地，坚定感党恩、跟党走的信心。如玛沁县为找准推动农村牧区基层党建工作由虚向实的抓手，解决基层组织“软弱化”“边缘化”“家族化”及发声力不强，作用发挥不明显的现实问题，大力推行了党建工作制度化、大众化、地域化、通俗化、生产化、生活化、精准化、具体化、时代化、实效化的 10 项具体措施。围绕“十化党建”全县 35 个村均成立生产发展、纠纷调解、环境保护、互帮互助、卫生评估、治安联防、教育督导、精神文化、保障联络、联系协调、效率督导 11 个专项工作组，实现各村全员动员，引导群众感党恩、在行动，草原牧民家家国旗飘飘，增强了党员牧民群众爱党爱国爱领袖的普遍共识。达日县为打赢脱贫攻坚战奠定坚实组织基础，不断健全“双帮”机制，按照“不脱贫、不脱钩”的原则，全县 65 个机关党支部、1184 名党员干部与行政村和建档立卡户，开展了“1+N”全覆盖结对帮扶。班玛县依托藏文化产业园区优势，以“党建引领 + 产业园区 + 龙头企业 + 扶贫车间 + 家庭作坊”模式，修建传统民族手工艺扶贫车间 11 处，积极引导和帮助少数民族企业、个体户到班玛投资发展，参与经济建设。这些举措实现了各村全员动员，通过各类“党建 +”模式，将群众织入脱贫攻坚共建生态网，不仅增强了党员农牧民群众爱党爱国爱领袖的普遍共识和感党恩听党话跟党走的行动自觉，同时确保了基层党组织和党员队伍的共同建设、共同提高。

（二）生态保护夯实绿色发展

以国家生态公园示范区、国家湿地公园建设等为契机，提高贫困人口在重大生态工程建设项目中的参与度和受益水平。如杂多县实现了三江源国家公园区内 7752 户贫困户生态管护员“一户一岗”全覆盖；囊谦县 56% 的建档立卡脱贫户参与到公益岗位中，公益岗位年均收入 20650 元；治多县积极承接三江源国家公园体制试点建设任务，全面落实生态管护员、湿地管护员、林业管护员等公益性岗位，拓宽园区内外贫困户收入渠道。泽库县注重“保护与发展”的关系，实施草原奖补政策面积 913.12 万亩，累计发放奖补资金 3.75 亿元，惠及牧户 2.3 万户，确保生态保护和精准扶贫双丰收。杂多县实现了三江源国家公园区内 7752 户贫困户生态管护员“一户一岗”全覆盖，特别是保障了 3449 户建档立卡贫困户的生态管护岗位，并为园区外 460 户贫困户每户安置一个生态公益性管护岗位，户均年增收 21600 元。青海省各地利用脱贫攻坚与生态保护紧密结合，让贫困户通过参与生态治理得到劳动报酬，走出了保护生态与脱贫致富并驾齐驱的生态脱贫新路径。

（三）易地搬迁开拓脱贫新路

针对“一方水土养不好一方人”的问题，青海省充分发挥易地扶贫搬迁政策对脱贫攻坚的助推效用，大大减轻了迁出地生态环境承载压力。如贵德县 2016 年至 2019 年，投资 2.5 亿元，完成 1168 户建档立卡贫困户 4486 人易地扶贫搬迁，累计投资 1.45 亿元实施易地扶贫搬迁集中安置点配套基础设施和公共服务设施建设项目。治多县自 2016 年至 2019 年共实施危旧房改造项目 4492 户，其中建档立卡贫困户住房改造 2163 户，一般户住房改造2060户，僧舍住房改造269户，总投资1.48925亿元，牧民居住条件得到极大改善。民和县自2016年以来，逐户开展住房摸排普查和安全性能等级鉴定工作，加大资金投入和质量检查，累计投资8.04亿元，实施危旧房改造23866户。在易地扶贫搬迁政策落地期间，诸如互助县五十镇班彦村、尖扎县昂拉乡德吉村等易地扶贫搬迁样板村不断涌现。切实解决了出行难、就医难、上学难、娶妻难、增收难、住房难的“六难”问题。部分村镇也在搬迁后，有效借助城市（镇）的带动效应，使生活环境、生活方式、生活质量得到了极大改善。伴随着生存环境的巨大变化，农牧户的思想观念也受到影响，脱贫致富内生动力显著增强。

（四）特色产业培育增收模式

脱贫攻坚完成期内，围绕青海省“一优两高”战略及“五个示范省”目标的实现，各地积极培育发展特色产业，创新运营模式，拓展增收新路子。拉面产业、特色种养殖产业等蓬勃发展。“草场流转 + 畜牧业发展”的生态模式、“文化 + 扶贫”的产业模式、“公司 + 合作社 + 市场”的畜牧业合作发展模式等均有效解决了贫困人口的就业问题，增加了贫困群众收入，助推了打赢脱贫攻坚战步伐。如，化隆县在全国271个大中城市开办了1.7万家“化隆拉面店”，从业人员11.7万人，在脱贫攻坚中发挥着重要作用。泽库县以“拉格日”模式帮助建档立卡脱贫户在合作社、大户的带领下发展产业，为其增收带来了新机遇。泽库县以发展生态畜牧业为基本路径，有效推进集体产权制度改革为基本措施，全力创建现代农业产业园区为基本平台，发展集体经济组织，加大特色产业培育，持续做大牦牛藏羊产业、饲草产业、特色经济作物种植业，并着力打造有机畜牧业产业园区，实行“政府引领 + 园

区为核心 + 合作社为载体 + 入驻企业为突破口 + 带动牧户”运作模式，园区产业得到全面发展。2019 年成功入选国家现代农业产业园创建名单，成为全国第一个以牦牛产业为主导产业的国家现代农业产业园。泽库县“一委二园三区 64 个单元”的现代农牧产业园区产业布局已初具规模，着力发展生态畜牧业合作社，通过不断探索和实践，形成以草地和牲畜入股组建合作社，牲畜分群饲养，草地划区轮牧，社员分工分业，牛羊统一销售，用工按劳取酬和收益按股分配的“拉格日”模式，成为青南牧区扶贫产业的新路径和新样板，为省内畜牧产业发展提供了借鉴模式。

（五）教育扶贫阻断“代际传递”

义务教育保障是“两不愁三保障”中最重要的工作。一是各地强化控辍保学责任，狠抓辍学生劝返工作，全面核查义务教育阶段辍学情况，建立辍学学生台账。如治多县政府落实 2018、2019 年控辍保学工作经费分别为 100 万元、50 万元。认真制定完善控辍保学专项行动方案，发挥乡镇和学校的职能作用，着力推进控辍保学“一人一册”的档案建设。治多县 2015 年、2018 年适龄儿童 \ 少年入学率大幅提升，控辍保学 2018 年、2019 年核减任务连续两年在玉树州率先实现“清零”目标，形成了控辍保学稳步推进的有效机制。二是实施新建、续建教育项目。如乐都区于 2018 年接续实施“慧育中国”项目，如今已成为国内为数不多的实现 0–6 岁儿童早期发展公共服务全覆盖的区县之一，习近平总书记两次对“一村一园计划”作出重要批示并给予肯定。同仁县加大对乡村教育基建的投入，截至 2019 年底共投资 24363.5 万元。分别实施了“全面改薄”工程、涉藏地区专项、初中校舍改造、“三区三州”教育脱贫攻坚项目、中央专项公益性彩票项目、地方政府债券资金等各类教育基础设施等101个项目。三是全面落实教育扶贫政策。构建贫困家庭子女资助体系，继续坚持实施学前教育资助政策、义务教育“两免一补”政策，中、高职补助政策和高等教育奖补政策，已形成全方位、多渠道的奖补机制。而泽库县截至2019年底适龄儿童入学率达100%，初中阶段毛入学率100%，九年义务教育巩固率达95.62%。囊谦县教育引导宗教人士正面发声，大力减轻群众宗教负担，全面减少宗教对义务教育阶段适龄儿童接受教育的干预和影响等。

（六）健康扶贫确保脱贫质量

青海省因病因残致贫率普遍偏高，如化隆县因病致贫的比率达到12.8%，为切实解决因病致贫返贫问题，青海省各地采取综合措施确保贫困人口基本医疗有保障。各地扎实落实家庭医生签约制，积极开展健康扶贫政策宣讲，及时跟进服务，确保农牧区贫困群众“就医有保障、报销有人管”。对患有大、慢、重病的建档贫困人口入户走访服务，制定救治措施，因人因户施策，对症下药，精准滴灌，取得了良好效果。一是构筑了健康扶贫保障体系。实现了建档立卡户基本医疗保险、大病保险和医疗救助全覆盖。二是健全县乡村三级医疗服务体系。如玛沁县有1所县级公立医院，所辖8个乡镇全部设有卫生院，35个行政村，均有村级标准卫生室，并配备了具有乡村医生资质的村医。三是认真落实健康扶贫政策。如玛沁县2019年有11户12人患大病住院治疗，全部享受了“先诊疗后付费”和“一站式报销”的政策，政策范围内报销比例在90%以上。达日县财政投入304.7万元，通过聘请第三方医疗机构和整合本县医疗资源，对全县9769名建档立卡人口实施了建政以来规模最大的全面体检等。四是确保医疗可及性。如贵德县在青海省率先实施“双签约”模式，即家庭医生和贫困户签约、村干部和贫困户签约。

三、青海省后扶贫时期乡村振兴发展基础

脱贫攻坚为乡村振兴奠定了良好的发展基础，准确把握乡村振兴战略实施的先期条件并在此基础上精准聚焦发展方向，是后扶贫时期推进乡村振兴战略的第一步。经过脱贫攻坚期的努力奋战，青海省在乡村振兴的产业、人才、文化、生态、组织层面有了较为稳固的前期积累。

（一）产业扶贫筑牢产业振兴基础

各县乡村统筹整合使用涉农资金，积极培育和推广有品牌效益和有市场价值的特色产品。各地继续加快二三产业融合发展，扩大规模、增强市场竞争力，部分县结合特色产业发展，使农民合作社不断壮大，村级集体经济破零并取得长足发展。各地也在村级集体经济发展基础上，加快推进区域经济发展步伐，加强企业、合作社与入股分红贫困群众的利益联结，使脱贫户兜底保障措施进一步完善，经营性收入占比升高，青海省产业扶贫政策覆盖率普遍提高。

2019 年与 2020 年作者调研的贫困县（区）脱贫户中有劳动能力和意愿的贫困群众均能实现产业扶贫项目带动。从 2019 年及 2020 年调研的建档立卡脱贫户人均收入情况来看：在各项产业扶持措施的帮助下，各县（区）建档立卡户收入明显提高，人均收入甚至部分处于当地当年扶贫标准的 2.5 倍以上，个别县如治多县 2019 年建档立卡户（收集调研 685 户信息）人均纯收入

约为 17000 元，全部超过国家贫困线标准并处于当年青海省扶贫标准[①]的 4 倍以上，人均收入显著高于国家贫困线标准。

（二）教育、就业扶贫铺就人才振兴基础

各县（区）以保障义务教育为核心，全面落实教育扶贫政策，稳步提升义务教育质量，阻断贫困代际传递。从 2018–2020 年间调研的义务教育阶段学生的脱贫户享受义务教育阶段的补助政策来看，各地均未出现义务教育阶段适龄儿童因病因残失学辍学的现象。免费营养餐政策、免除学生学杂费、免除学生书本费等“两免一补”教育扶贫政策覆盖率较高。其次，满足寄宿条件的贫困户均享受了寄宿补贴，有效减轻了贫困学生上学负担，确保了贫困家庭适龄子女义务教育有保障。

各地围绕实现精准对接、促进稳定就业的目标，充分发挥各部门各行业作用，积极开发岗位、加强劳务协作、加强技能培训、扩大就业服务以及后续权益维护等措施，因地制宜地实施就业扶贫行动计划，显著提升了就业率。

一是结合“雨露计划”培训、新型农牧民培训和职业学历教育资助等培训工程，对具有劳动能力和转移就业意愿的贫困家庭劳动力开展职业技能、转移就业、自主创业以及公益性岗位培训等技能培训，提高贫困人口技能素质，增强带领贫困农牧民脱贫致富的示范引领能力，确保有意愿的贫困劳动力都能掌握一门致富技能，实现稳定就业。支持家政服务、物流配送、养老服务等产业发展，拓展贫困劳动力就业务工渠道。二是对在城镇工作生活的贫困人口，采取相应的帮扶措施，并优先提供基本公共服务，

① 青海省扶贫标准：人均纯收入 2018 年 3762 元；2019 年 4000 元。

促进有能力在城镇稳定就业和生活的牧区贫困人口有序实现市民化。三是大力促进了农牧区劳动力转移就业。支持富余劳动力就地就近向二三产业转移就业。

（三）精神脱贫孵化文化振兴基础

脱贫攻坚期间青海省乡村农牧民对社会主义价值观载体、乡土情节、民族文化等的认同度显著提高，对乡村文化的保护传承意识日渐增强。植根于乡村文化内涵的文化产业化发展亦取得初步进展。2016 年青海省文化及相关产业实现增加值 63.77 亿元，比上年增长 16.5%，占青海省地区生产总值的 2.48%，比上年提高 0.21%。截至 2018 年底，青海省文化企业达 6090 家[①]。青海省各地在文化资源挖掘中初步建成具有一定规模的若干特色文化产业集聚区。

黄南州形成了以唐卡、泥塑、堆绣、石雕等为主体的热贡文化产业集聚区，海南藏族自治州形成了藏绣、民族服饰为主体的文化产业集聚区，海北藏族自治州形成了以门源百里花海、王洛宾音乐体验基地、达玉民俗村等为主题的环青海湖文化旅游集聚区；海西州、果洛州、玉树州也均以当地特色文化资源为依托，形成了富有区域特色的昆仑文化、格萨尔文化和康巴文化产业集聚区[②]。各地也打造了一批具有产业带动及经济发展潜力的文化产品与文化品牌，如班玛县成功申报了班玛藏戏、格萨尔面具、班玛黑陶等进入全国非物质文化遗产名录，班玛县灯塔乡班前村也被国务院评为历史文化名村。

---

① 2018-04-25 08:39 青海日报　作者：李欣。

② 2018-04-25 08:39 青海日报　作者：李欣。

（四）生态保护提振生态振兴基础

2016 年 8 月，习近平总书记在青海考察时强调，生态环境保护和生态文明建设，是我国持续发展最为重要的基础。“青海最大的价值在生态、最大的责任在生态、最大的潜力也在生态。”生态保护与生态振兴也是中国特色社会主义事业总体布局“五位一体”中生态文明建设的对应要求。

脱贫攻坚期间，青海省积极探索拓展保护与生态扶贫方法路径，进一步加大环境治理力度，坚决以“两山”理论为指导，推动生态保护建设与脱贫攻坚共赢发展。2020 年 8 月，作者赴玉树果洛两州进行畜牧产业发展环境调研。由 147 户牧民的有效问卷信息汇总获得当地群众对生态气候感知变化中气温、降水、降雪主观感受情况。有关气温感受信息为 40% 的牧民认为乡镇气温略微升高，8% 的牧民认为显著升高，27% 牧民认为无明显变化（如图 2-1）。

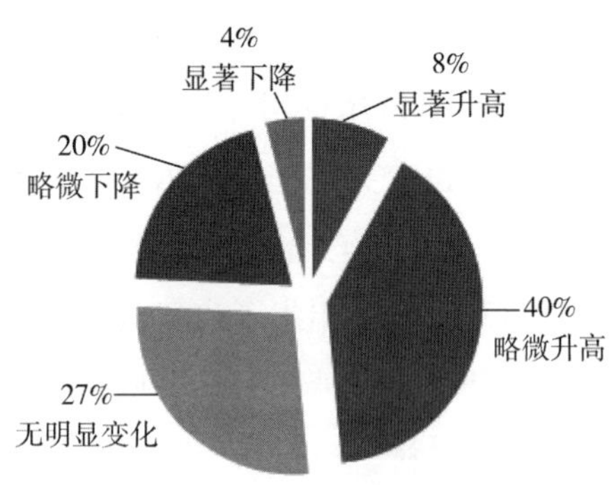

图 2-1　果洛、玉树两州牧民气温主观感受统计

从降水状况来看，60% 的牧民认为降水明显增多，36% 的牧民认为显著增多，2% 的牧民认为没有明显变化，2% 的牧民认为略微减少(如图 2–2)。从降雪状况来看，38% 的牧民认为明显增多，9% 的牧民认为显著增多，40% 的牧民认为没有明显变化，9% 的牧民认为略微减少，4% 的牧民认为显著减少（如图 2–3)。

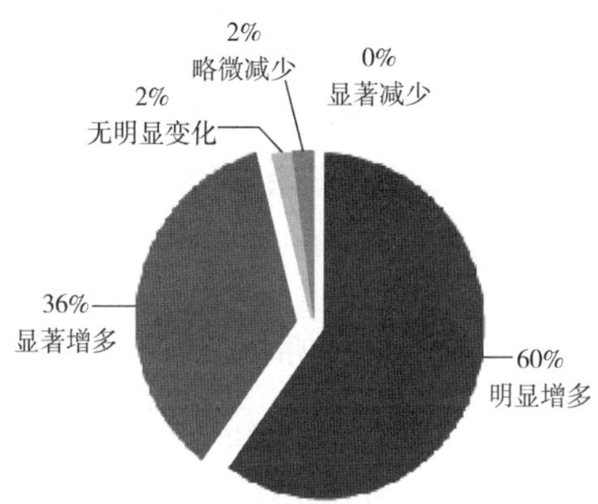

图 2–2 果洛、玉树两州牧民降水主观感受统计

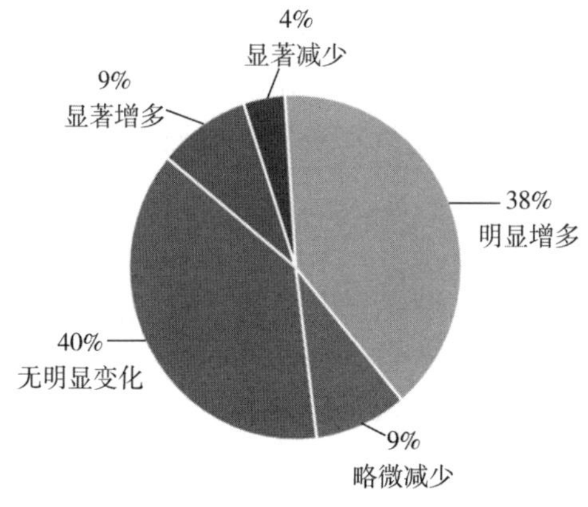

图 2–3 果洛、玉树两州牧民降雪主观感受统计

总体来看，玉树、果洛调研所在乡镇的降水农牧民感受几乎全为明显增多和显著增多。

据 2017 年、2018 年青海省各市州生态文明建设年度评价结果[①]分析（表 2–1，表 2–2），对青海省各市州基于资源利用指数、环境治理指数等 7 个方面，53 项评价指标测算的绿色发展指数进行比较，2017–2018 年各市州指数变化情况为黄南州（–2.08）、西宁市（+2.87）、海北州（+1.65）、海南州（+1.81）、海东市（+1.91）、玉树州（–3.18）、海西州（+5.16）、果洛州（+3.09）。除黄南州与玉树州绿色发展指数下降外，其余 6 市州指数均为上升态势。表明青海省总体生态文明建设向好，生态效益收益增加明显。

表 2–1　2017 年青海省各市州生态文明建设年度评价结果

地区	绿色发展指数	分项指标						公众满意程度[②]（%）
		资源利用指数	环境治理指数	环境质量指数	生态保护指数	增长质量指数	绿色生活指数	
黄南州	82.71	82.54	82.66	98.80	80.16	74.71	66.23	87.50
西宁市	80.78	75.15	85.10	79.46	79.63	93.28	83.25	92.71
海北州	79.70	74.19	78.21	96.76	77.73	73.53	78.94	94.49
海南州	79.54	70.14	83.70	96.73	82.05	77.40	70.44	93.25

① 生态文明建设年度评价按照《青海省绿色发展指标体系》实施，绿色发展指数采用综合指数法进行测算。青海省绿色发展指标体系包括资源利用、环境治理、环境质量、生态保护、增长质量、绿色生活、公众满意程度等 7 个方面，共 53 项评价指标。其中，前 6 个方面的 52 项评价指标纳入绿色发展指数的计算，公众满意程度调查结果进行单独评价与分析。

② 公众满意程度为主观调查指标，通过青海省社情民意调查中心组织的抽样调查来反映公众对生态环境的满意程度，根据调查结果综合计算 8 个市州的公众满意程度。

续表

地区	绿色发展指数	分项指标						公众满意程度（%）
		资源利用指数	环境治理指数	环境质量指数	生态保护指数	增长质量指数	绿色生活指数	
海东市	78.97	79.85	80.12	81.21	79.83	73.80	73.83	88.13
玉树州	78.34	71.16	75.81	99.76	80.66	71.44	71.39	93.50
海西州	77.12	75.91	78.49	89.47	61.95	84.23	72.25	92.67
果洛州	76.79	67.75	68.96	98.65	90.45	71.43	66.10	91.46

数据来源：《2017 年青海省各市州生态文明建设年度评价结果公报》青海省统计局 2019-04-01 发布[①]

表 2-2 2018 年青海省各市州生态文明建设年度评价结果

地区	绿色发展指数	分项指标						公众满意程度（%）
		资源利用指数	环境治理指数	环境质量指数	生态保护指数	增长质量指数	绿色生活指数	
西宁市	83.65	85.75	82.70	77.11	77.61	93.17	89.78	93.47
海南州	83.46	85.09	71.94	97.17	83.38	79.39	78.30	93.22
海西州	82.28	83.21	84.49	94.51	67.78	82.35	75.01	92.64
海北州	81.35	81.73	70.50	96.24	81.07	75.32	79.29	93.45
海东市	80.88	85.10	79.05	80.89	79.52	73.97	79.18	92.83
黄南州	80.63	83.96	67.63	97.55	80.44	72.08	71.41	92.50

① 生态文明建设年度评价按照《青海省绿色发展指标体系》实施，绿色发展指数采用综合指数法进行测算。青海省绿色发展指标体系包括资源利用、环境治理、环境质量、生态保护、增长质量、绿色生活、公众满意程度等 7 个方面，共 53 项评价指标。其中，前 6 个方面的 52 项评价指标纳入绿色发展指数的计算，公众满意程度调查结果进行单独评价与分析。

续表

地区	绿色发展指数	分项指标						公众满意程度（%）
		资源利用指数	环境治理指数	环境质量指数	生态保护指数	增长质量指数	绿色生活指数	
果洛州	79.88	80.41	66.99	99.36	87.25	71.05	63.97	94.00
玉树州	75.16	73.87	61.57	99.79	75.94	63.60	69.90	94.25

数据来源：《2018 年青海省各市州生态文明建设年度评价结果公报》青海省统计局 2020-01-20 发布

脱贫攻坚期间，通过脱贫攻坚与生态保护紧密结合，各地普遍开辟总结出生态脱贫新路径，实现了保护生态与脱贫致富并蒂开花的目标。

（五）党建促脱贫铸就组织振兴基础

脱贫攻坚期间，各地高度重视党建引领，充分发挥党建工作在脱贫攻坚中的各项优势，全力形成三级书记抓脱贫的工作格局。涌现出如“1+10+N”等基层党建模式，以及“一村一文艺”“帐篷党支部”等基层宣传文化品牌。在脱贫攻坚战役中积累出政策、组织、人才、文化等优势，在有效保障脱贫稳定性和可持续性的同时，也为有效推进后扶贫时期实现乡村全面振兴创造了必要条件。

通过各地脱贫攻坚期间各类扎实的党建活动，村级管理组织进一步完善，管理效率明显提升。基层党组织的完善和乡村治理机制的有效构建，也吸引了各类人才返乡创业、服务乡村，为乡村振兴做好了人才储备。

四、青海省后扶贫时期乡村振兴动力保障机制构建

脱贫攻坚解决了局部的、紧迫的具体问题，后扶贫时期的乡村振兴将关注完成系统性、长期性的战略问题。重点围绕后扶贫时期扎实织牢防返贫网，有效缓解相对贫困、解决多维贫困、统筹城乡贫困的同时，高效率完成新时代“三农”工作的历史任务。为保障这项历史使命的有效衔接与落地施效，需构建如下动力机制。

（一）农村市场经济体制确保乡村发展的保障机制

积极完善和深化后扶贫时期农村市场经济体制改革是实现党所确立的“两个一百年”奋斗目标和实现中华民族伟大复兴的成功之路，也是符合当前构建国内大循环为主体、国内国际双循环相互促进的新发展格局要求的工作任务。农村市场经济体制机制改革要坚持党的领导，最大限度的发挥社会主义制度和社会主义市场经济体制的优越性。

1. 全面完善产权制度，深化土地制度改革创新

后扶贫时期乡村振兴背景下，农村土地要积极探索以更合理的方式实现保护与开发并重。土地制度改革创新是巩固脱贫攻坚成果迈向乡村振兴的保证，也是脱贫攻坚政治性的有利体现。脱贫攻坚的系统性决定土地改革过程要对脱贫攻坚及后扶贫时期乡村振兴战略提供必要保证。脱贫攻坚的复杂性决定了土地制度改革创新将为脱贫攻坚的持久性效果提供巨大保障。

一是，在农村集体产权制度改革、农村土地制度三项改革试点工作基础上，成熟完善农牧区承包地“三权分置”制度，提高

土地的资产性产出效率；二是，要合理盘活利用各类社会资本，建立开发与保护并重的农村土地经营机制。在严格坚持农村土地集体所有制的同时，防止城市资本对农村土地资产市场的过度渗透影响；三是，持续深化还权赋能，允许农村土地有偿流转并适度规模经营，给予农牧民更多在土地流转承包等土地经营行为上的自主权；四是，统筹集体范畴内的农村土地利用开发，规范土地使用，保证农村土地集体所有的底线。施行诸如农房财产权抵押、经营性建设用地入户等，在现有城镇国有建设用地基准地价基础上，扩展为城乡统一的建设用地基准地价，允许村集体依法把有偿收回的闲置宅基地、废弃的集体公益性建设用地转变为集体经营性建设用地入市等。

2. 培育和增强农牧民的市场意识，改革农村社会主义市场经济管理体制

一是，由于青海省脱贫村尤其六州涉藏地区转移性收入占比普遍偏高，后扶贫时期需转变侧重于政策主导性帮扶和社会动员性“给予”的做法，积极完善和深化后扶贫时期农村市场经济体制改革，充分调动脱贫主体和广大农牧民参与衔接工作的主动性、积极性；二是，加强对农牧民及基层干部有关商品、市场等知识的教育引导，除了普遍开展的各类技能培训外，应首先侧重实施“眼界工程”，选派农牧民到西宁、海东及省外城市参观学习，加大感性认识与刺激，帮助他们更好的了解并融入市场经济体系；三是，建立符合市场经济要求，弱化行政管理职能的产供销一体化管理体制，加强农牧业产前投资、生产物资供应、农业信贷保险、农牧产品物流等部门建设。

3. 培育乡村产业发展的社会基础和社会支持系统

一是，充分发挥乡村组织及乡镇级政府、农村信用社、基层银行机构的融资职能，利用农村信用社小额贷款、双基联动合作贷款、“530 贷款”等方案为乡村发展提供资金支持。脱贫攻坚资金及资源投入机制很难再次复制到乡村振兴发展阶段，要保证脱贫攻坚与乡村振兴有效衔接，必须要兼顾好后扶贫时期的巩固脱贫成果投入与乡村振兴投入的均衡性。在对乡村产业发展效果进行合理评估考核的基础上，加大对市场发展潜力大、优势明显的产业发展专项配套资金支持，确保政策支持的稳定性、持久性；二是，以基层行政管理制度、社会服务制度、社会保障制度改革为重点，加强城乡互动与综合合作，激发乡村各项改革动力。完善农村市场经济服务体系，畅通市场信息传递渠道，抓好农牧业专业生产社会化服务。

4. 大力发展乡镇企业、龙头企业及在此基础上的农牧产品营销管理

一是，青海省较为单一的产业发展结构决定了“一村一品”的乡村发展任务难度较大。但以乡镇企业为带动的区域产业优势挖掘仍有较大潜力。应大力发展以地标产品、特色产品、青绣等为代表产品的乡镇企业，全面扶持民族特色企业、民族特需商品定点生产企业，改革乡村整体产业经营模式，创造规模效益；二是，多渠道增加农牧业投入。除国家财政、技术、政策等投入引导外，统筹高效利用各级各类援建项目资金，以活跃乡村资金供应；三是，加大农牧产品物流渠道建设。创新短链流通模式，探索农牧产品专卖店营销，大力拓展对接餐饮、商超渠道，做好参展招商等工作。积极推动产地市场和新型经营主体与超市、社区、

学校等消费终端对接，探索发展订单农牧业。创新产销对接方式，完善农超对接、农批对接、农产品直销等模式。打造农牧产品产地预冷等冷链物流基础设施网络，大力推进电子商务、大数据基础建设。开展季节性促销、扶贫促销等产销对接活动，积极实践展会推销、网络促销等，探索形成完整稳定的销售网络与合作关系。创新产品上行运营管理，在青海省前期开展的农村电商发展基础上，继续帮助农牧业经营主体、加工企业与电商平台的对接，将线上需求现实化，使线下资源与线上需求有效对应。

（二）坚持和优先科学规划引领机制

合理的乡村振兴战略规划设计要推动城镇现代化空间布局向乡村延伸，构建协调融合的城乡保护开发格局。

1. 准确认识乡村振兴战略编制要求

乡村振兴战略规划不是传统意义上单一村庄（或者某一行政区域内）的空间规划、土地规划、产业规划。如何将乡村各方面的发展需要融汇贯通，做到各地乡村区域上的一体化设计，内容上的多规合一，才是乡村振兴战略规划的核心要义。要充分进行实地调研，梳理调研信息，重点进行两方面分析。一是，城乡关系分析。以全域规划理念指导城乡发展一体设计、功能互补，形成多规合一的城乡规划体系；城乡关系分析切忌脱离城乡发展互动的乡村发展规划与建设，以避免出现乡村发展落后于区域发展总体要求，难以借力城镇发展辐射影响；二是，乡村发展现状分析。明确乡村规模、功能和发展定位，在此基础上，进行乡村发展总体定位，编制目标体系和总体发展框架。形成乡村振兴战略实施计划及分阶段发展规划。结合实际具体完成乡村的基础设施及公共服务、产业发展、空间布局、社区社群布局、乡村治理、人才储备等分项内容，提出各具特色的可操作性强的乡村振兴战略规划。乡村发展现状分析重点要明确乡村发展定位，切忌跟风式的大兴土木，弱化乡村乡土气息的建设管理。保障村镇总体规划与管理将“政府、投资者、老百姓”的不同诉求进行有效融合，使其能够获得准确合理的发展定位。

2. 科学设定衔接目标和工作重点

后扶贫时期乡村振兴战略实施，一是，需把握当前经济高质量发展要求特征，科学评价脱贫攻坚产生的乡村产业发展、组织建设、生态建设及乡村治理等方面的实际效果，明确后扶贫时期农牧民群众对脱贫攻坚的知晓度、支持度、满意度，合理设定衔接目标和工作重点，避免因未充分考虑区域差异和现实条件，而为完成统一任务搞形式主义和形象工程。二是，合理设定衔接目标，帮助农牧民正确看待自身利益获得，设定合理的心理预期，避免出现因不科学的目标设定而导致农牧民所得和预期之间出现较大差距，最终导致心理失衡影响衔接期间的获得感。

（三）培育和优化人才支撑动力机制

习近平新时代中国特色社会主义思想明确指出，必须坚持以人民为中心的发展思想，不断促进人的全面发展，实现全体人民共同富裕。乡村振兴的发展过程中，人才的水平直接决定了产业发展、组织建设、文化振兴的总体水平。

1. 要因地制宜构建人才培育吸纳机制

青海省乡村实际情况是，村干部专职化背景下，该群体整体缺乏产业经营管理能力（包括动力）。这直接导致青海省集体经济发展表现出较高的发展规模基础上未产生经济发展效益相匹配的问题。而经济、管理能人大多外出务工经商或者在村内自主发展产业。这些以“新农人”“新乡贤”等为代表的乡村精英群体具有更大的致富潜力。一是，要结合各地需要，有计划的培养在城乡规划、农创产品开发、乡村公共服务、文化宣传与文化传承等方面有工作潜力和带动引领作用的人才；对乡村振兴发展中稀缺的各类人才进行统计，精准配备、加强管理。二是，大力推动城企村资源联合，建立配套于乡村产业发展的职业教育机制，培养新型职业农牧民，充实扎根乡村的人才库。最终实现由“引入精英”变为“培养精英”，提高乡村人才留乡服务率。三是，鼓励吸引社会人才支持乡村发展。支持他们以各种方式参与乡村振兴，服务乡村发展。

另外，通过传统人事考核方式选拔的乡村基层干部可能存在语言不通、不熟悉当地乡村实际情况、缺乏扎根精神、群众认同感低的问题。他们最终成为乡村发展中匆匆的过客。所以传统的人才选聘机制一定程度上忽略了本土人才的天然优势。本地人才胜在熟悉当地实际，管理沟通等工作更接地气，是本省乡村振兴发展中宝贵的中坚力量，他们更留得住、更得人心、更能成为乡村振兴中的推动者。

因此，调整人才任用选拔机制是目前就青海省乡村实际，需要改革的部分。应增加对民族文化认同（包括语言文字）、基层工作信念等方面的考察，增加对本土人才选拔培训的力度，必要时应给予政策倾斜。

2. 配套完善的乡村创业保障机制

一是，对乡村创业群体提供更现实的收益、多方进行激励和保障。充分发挥近乡人才的积极示范作用。克服目前社会保障本身存在的碎片化缺陷，制定完整的农牧民创业物质条件和保障制度。二是，设立农牧民创业孵化机制。对符合乡村振兴实践要求的项目给予启动资金支持，构建完善创业信息与科技服务支持平台，进一步完善乡村住房、教育、医疗等公共服务基础，构建乡村创业保障体系。

（四）夯实和推进技术支持保障机制

乡村振兴的生产生活基础设施、技术水平、农牧业生产技能水平、创新发展产业的技术支持等决定了乡村可持续发展和生态乡村建设。

1. 要继续完善乡村生产生活基础设施及技术支持

提高农村公路覆盖深度和网络化水平，加快构建村级公路养护资金投入保障机制、养护规范和考核体系建设。加快城乡客运服务一体化，提高城乡客运客车通达深度。在完善交通节点，贯通物流设施基础上，建设现代化物流体系、村级物流服务点、快递收发点等；推进智慧水利建设，以水利信息化支持水利现代化发展，提高乡村水资源利用率；建设乡村能源体系，完善能源基础设施网络，推动清洁能源利用，推广农牧区绿色节能建筑和节能技术、产品；加快农牧区乡村宽带普及，缩小城乡信息差距，探索农牧区信息创新应用模式，推广远程教育、远程医疗、信息综合服务等。

2. 大力完善技能培训体系

在已有的技术下乡、技能培训框架基础上，以政府及基层乡村组织为主体，整合各类社会技术资源，开展不同层面、形式、内容的乡村产业、生产技能技术培训。提高乡村已有生产项目的技术水平，满足群众技能培训的现实需要，使技能技术培训更高效的转产能、出效益。一是，对乡村技能培训内容进行先期调研，从乡村群众的自主需求、市场需要、产业发展要求等方向进行精准筛选，找到培训需求重点；二是，将培训内容进行系统化、长期化的优化设置，改革原有短频快的技能培训模式。推行定期化，层层递进式的技能培训，形成由简入深，含金量高的技能技术培训体系；三是，开展技能竞赛，提高农牧民群众参与技能培训的积极性，起到以点带面的作用。

3. 从生产技术方面给予乡村振兴大力支持

一是，调整农牧产品品种和技术创新方向，助推农牧业结构调整；二是，延长农牧业产业链技术研发，农产品精深加工技术、农副产品综合利用技术、农产品质量安全控制技术上也要加紧开发落地；三是，加强支撑农业新业态发展的技术研发。推进现代信息技术如大数据、物联网、云计算、车联网等应用于农业生产经营、农产品加工销售及乡村旅游等产业，加快农村产业结构优化升级。

（五）创新和丰富乡村文化运行机制

青海省前期乡村建设过程中，乡村文化的保护挖掘工作在一定程度上是滞后的。但现在已建成的美丽乡村人居环境极大改善，乡村基础设施如道路硬化、乡村亮化、民居改造等都取得了卓有成效的进展。但不能忽视的是，传统乡村建筑风貌、乡村文化在乡村快速发展过程中受到了不同程度的冲击和影响。新居的改扩建造使传统民居废弃，传统民俗也受到外来文化的巨大冲击而日渐凋敝，农事生产的现代化使原生态的生产形式被大大简化。而这些日渐衰微的乡村文化符号恰恰是乡村振兴的灵魂所在。

乡村各类文化符号的有形化、品牌化可以创造巨大的经济、社会收益，从而激发乡民的自尊自信，提振乡村发展动能，培育乡村发展的内生动力。

1. 基层党建引领乡村文化发展

通过抓实基层党建推进意识形态工作向基层延伸，着力解决“素质贫困”“思想贫困”。一是，注重乡村农牧民思想教育引导，继续推动乡村移风易俗和乡风文明建设，完善村规民约，营造崇文尚礼、文明健康的社会环境；二是，加强感恩教育。组织开展各类感恩行动，大力宣传后扶贫及乡村振兴衔接期的先进典型，激发基层干部及农牧民干事创业热情。充分借助基层党建各类活动形式及内容发挥对乡村文化发展的引领促进作用。

2. 重视乡村文化信心的提振

一是，抢救恢复传统乡村原有的生活方式、情感线索、文化符号、乡村价值观，使它们与当代价值文化相互碰撞，摩擦出新的价值和文化活力；二是，推行品牌乡村工程。具体的小区域农牧产品到大区域乡村形象都会从品牌乡村工程中获益。而乡村特色产业及自身成功的标志也是形成专业村甚至专业镇，拥有品牌，占领市场等。应引导青海省乡村重视村名宣传、村标建设，将乡村发展与品牌乡村打造紧密结合。以品牌乡村带动乡村产品、产业及整体发展；三是，提炼乡村文化特色，将其赋能于乡村品牌建设发展中。

3. 加大乡村文化物质载体的保护

重视原生建筑保护，严格合理的进行村庄规划。融于自然生态环境的乡村原生建筑、文物古迹、农业遗迹等均是乡村文化的典型代表。而诸如藏族古堡、撒拉族木栏式建筑、东部农业区传统庄廓——这些极具特色的传统民居既是最有效的文化载体，也是传承文化、开展乡村旅游的重要资源。

4. 创新文化形式的再创造

利用乡村文化的丰富内涵，结合发展智慧乡村模式、实景演出模式、民族文化创意商品开发模式、民族传统技艺保护和传承基地模式、乡村创意生活与休闲乡村模式等。

（六）提升和推进公共服务共享机制

东部农业区乡村人口进城迁移成为该地产业发展的必要基础，而涉藏地区六州乡村受宗教文化、生活消费观念、区域位置、城镇辐射等因素影响，人口迁移表现弱于东部地区。待到乡村振兴缩小城乡经济差距后，乡村人口的迁移流动会趋于平衡。

2020 年 9 月 16 日国家发展改革委政策研究室副主任、新闻发言人孟玮表示，“下一步将聚焦‘两新一重’领域扩大有效投资，将加快推进以县城城镇化补短板强弱项为重点的新型城镇化建设。未来小城镇的发展将更加依赖于城乡交互式融合，乡村振兴的最终着力点也将是把乡村发展纳入城乡一体化范畴，实现以乡村为基点，以小城镇带动辐射周边乡村，乡村发展融入城镇化的过程中”。

在此趋势下，有序引导乡村人口向小城镇迁移，加强公共服务产品供应和公共服务体系的城乡共享机制建设，将一方面保障乡村振兴主体的长久发展获利，另一方面也将实现乡村振兴与新型城镇化建设有效融合协调发展的最终目标。

1. 大力提升公共设施和服务能力

2018—2020 年调研期间发现，基层乡村医疗硬件水平在脱贫攻坚及高原美丽乡村建设期间得到高质量建设，但与之配套的乡村医生数量及素质差距明显。调研中基层干部普遍反映医务室设备有了，但村医不够。2020 年新冠肺炎疫情也暴露出青海省城镇化及前期乡村建设在公共设施和服务能力方面存在的问题和短板，要继续健全乡村医疗卫生服务体系，完善相关政策制度，着力突破当前乡村医疗卫生人才缺乏的困局。

2. 完善城乡统一的社保制度

脱贫攻坚以来，青海省已实现贫困人口基本医疗有保障。青海省在实施“基本医保—大病保险—医疗救助”三重保障基础上，构筑了健康扶贫医疗服务保障体系，认真落实“先诊疗后付费”和“一站式”报销政策等健康扶贫措施，政策范围内报销比例在90%以上，有效解决了“看病难”“看病贵”的问题。在健康扶贫政策下，青海省各县至少建有1所二级公立医院，个别县如治多县、化隆县等拥有3所二级公立医院。从前期调研中贫困户看病负担角度来看，普遍反映出看病负担明显减轻的趋势。乡村振兴要在脱贫攻坚积累的农村医疗保险、养老保险、最低生活保障等基础上，加快实现医疗保险、养老保险等各类社会保险标准统一、制度并轨，充分发挥社保对保障人民生活、调节社会收入分配中的重要作用。这也是实现城乡协调发展，体现新时代中国特色社会主义制度优越性的现实表现。

3. 完善社会救助体系

社会救助在脱贫攻坚期内，充分发挥了底线兜底保障作用。在持续优化外部扶持性公共福利体系的同时，建立内生性互助福利救助机制，建立村民互助帮扶小组，引导进行互助式养老、互助式留守儿童帮扶等。

（七）建立和推广顶层设计与基层实践互动机制

衔接期内乡村振兴顶层设计来源于基层实践的总结升华。脱贫攻坚积累的工作经验与乡村振兴衔接期的实践探索为顶层设计保驾护航。必须要坚持群众路线深入挖掘和提炼衔接期内各类工作成果，完整有序地进行理论升华用于辅助顶层设计。同时，基于基层实践经验反馈完善后的顶层设计，可以有效的用于实践理论指导和统筹协调。

1. 加强乡村振兴实践经验检验评估

在科学管理后扶贫时期乡村振兴落地实践“溢出效应”的同时，侧重对衔接期内乡村振兴经验的检验评估。对实践效果良好且适用于青海省的乡村振兴衔接发展经验，及时凝练补充到乡村振兴战略实施的顶层设计中；对影响面广、效果短期难测且不成熟的乡村振兴落地设计，应进行个别地区试行，在完善并经过准确的效果评估后广泛推广。

2. 完善经验总结—指导—反馈模式

后扶贫时期与乡村振兴衔接的顶层设计和基层探索中，应对脱贫攻坚期间工作效果客观评价。需持续总结基层实践经验，优化战略方案，完善理论指导反馈，提高接续效果，形成渐进式、递增式的制度衔接完善机制。

（八）重视和强化动力激发带动机制

2020 年是脱贫攻坚的决胜之年，也是乡村振兴的开局之年，青海省乡村振兴制度框架和政策体系也要基本形成。脱贫攻坚期间，基层农牧民及工作人员的脱贫工作任务压力陡增，身心负担加剧。在前期针对基层群众及干部的心理调研中发现，疲于应付、无所适从的心理在脱贫攻坚期间非常典型。

前期调研总结可得，青海省贫困县脱贫户中有劳动能力和主动意愿的贫困群众均能实现产业扶贫项目带动脱贫。从建档立卡脱贫户人均收入情况来看，在各类产业扶持措施的帮助下，建档立卡户收入明显提高，2019年人均收入高的地方能达到当地当年扶贫标准的2.5倍以上。但收入增长背后还应客观评价收入结构问题。虽然脱贫攻坚结束后将坚持“四个不脱”，但及时干预并调整收入结构，将是后扶贫时期巩固脱贫成果，保证收入稳定增加要解决的重点问题。

而各级基层工作人员在后扶贫时期与乡村振兴的衔接期内，将承受着更大的工作压力与工作强度。结合乡村振兴战略实施，进一步完善驻村帮扶制度，如果不能确保基层人员在乡村振兴战略实施中全身心投入，将严重影响后扶贫时期乡村振兴的有效衔接过渡。

1. 智志双扶激发群众内生动力

客观来看，必须多角度激发基层农牧民内生动力，以满足后扶贫时期政策过渡与调整乡村振兴快速发展的现实需要。应重点完善针对贫困边缘户的系统性支持，减少贫困户与非贫困户之间由于脱贫政策支持力度不均所产生的隔阂，维护好原有社区（群）内部的各项利益平衡，培养提高村干部综合素质、推进村干部职业化管理制度，强化社会整体动力提升及动员效果。

2. 释压兼慰励激发基层干部行动力

针对脱贫攻坚工作压力还未完全释放的基层干部，必须配以恰当的压力传递与动力激发机制，以保障后续乡村振兴工作的顺利施行。平衡好后扶贫时期压力传递和乡村振兴衔接期的动力激发关系，力保脱贫攻坚压力转化为乡村振兴动力，并用乡村振兴动力激发后扶贫时期解决多维贫困、相对贫困和城乡贫困的内在潜力。要确保乡村振兴工作任务的有效层层下放，达到目标清晰、责任明确、滴灌实效。将后扶贫时期成果巩固、乡村振兴战略目标、广大农牧民对美好生活的追求与各级工作人员绩效考核相结合。坚持适度原则,防止衔接期内过度化、指标形式化的工作评价。防止过度依赖考核与督查，应更加关注将压力传导变为正向激励。

五、结　论

中国共产党始终坚持把全心全意为人民服务作为行动准则。无论是脱贫攻坚任务的完成，还是后扶贫时期乡村振兴战略的实施,都紧密联系群众、帮助群众,一切为了群众。脱贫攻坚结束后，青海省乡村的各类发展基础与条件得到长足改善，乡村民众对生产生活、社会发展等有了更多新的期许。

在后扶贫时期乡村振兴施策发力阶段，必须依赖习近平新时代中国特色社会主义思想包含的战略思维、辩证思维、创新思维，重点围绕后扶贫时期扎实织牢防返贫网，有效缓解相对贫困、解决多维贫困、统筹城乡贫困的同时，高效率完成新时代“三农”工作的历史任务。为保障这项历史使命的有效衔接与落实施效，研究内容提出的八个动力保障机制指导着乡村振兴战略落地。通过各级各层围绕八个层面动力机制扎实实践，继续深化、细化、具化工作，努力实现青海省乡村群众的乡村梦，带领青海省人民向着中国梦努力前进。

第三章 青海省脱贫攻坚成果与乡村振兴政策衔接问题研究

一、脱贫攻坚与乡村振兴政策的主要内容

（一）脱贫攻坚的主要内容

脱贫攻坚任务的圆满完成是乡村振兴战略得以顺利实施的重要基础，是全面建成小康社会和实现伟大复兴中国梦的必然要求。脱贫攻坚向特贫、特困地区倾斜的主要任务是帮助贫困地区实现吃穿不愁，教育、医疗、养老等一系列基本生活有保障。

减轻贫困的主要战场在农村贫困地区，目标是农村贫困人口，战略目标是从历史上摆脱农村地区和农民的贫困。习近平总书记明确指出："全面建成小康社会，最艰巨最繁重的任务在农村，特别是在贫困地区。没有农村的小康，特别是没有贫困地区的小康，就没有全面建成小康社会。"2015 年在减贫与发展高层论坛上提出了"五个一批"工作方法，为精准扶贫提出实践举措，后期在此基础上又提出了增加就业创业、危房改造、医疗救助三方

面内容的“八个一批”工作方法，标志着我国扶贫事业更加朝着精准化变化。

2020 年 11 月 23 日，贵州省宣布最后 9 个深度贫困县退出贫困县序列，这不仅标志着贵州省 66 个贫困县实现整体脱贫，更标志着国务院扶贫办确定的全国 832 个贫困县全部脱贫摘帽，全国脱贫攻坚目标任务已经完成[①]。

（二）乡村振兴的主要内容

乡村振兴战略是历史性的重大决策部署，是实现伟大复兴中国梦的重大历史任务，是解决新时代“三农”问题的重要手段。实现农业农村现代化的首要前提就是将“三农”问题放在第一位置，将实现农业农村现代化作为实现现代化国家的必要手段，因此，实施乡村振兴战略就是站在农业、农村、农民的立场上做出的科学理论回应。

乡村振兴战略就是党中央总结“三农”发展的历史性成就和历史性变革的基础上，对农村建设发展的制度机制进行的系统性和整体性构建，在战略意义、实施路径、工作方法等维度上，为乡村振兴战略的顺利实施奠定了坚实的理论基础和行动指南。乡村振兴战略是中国特色社会主义进入新时代的重大历史任务，在我国“三农”发展进程中具有划时代的里程碑意义。

二、脱贫攻坚与乡村振兴政策衔接的逻辑关系

脱贫攻坚与乡村振兴是实现中国农业与农村现代化、农民生

① 吕凡 . 全国 832 个国家级贫困县全部摘帽：脱贫标准是什么？［EB/OL］. 凤凰网，2020-11-23. http://news.ifeng.com/c/81daUzhRvZN.

活富裕必须完成的两大重大战略任务，具有深刻的内在联系及承接关系。脱贫攻坚与乡村振兴的有效衔接，对于提高各项资源的使用效率，确保各项目标有序实现意义重大，因此要厘清脱贫攻坚与乡村振兴有机衔接的逻辑关系。

（一）打赢脱贫攻坚战是乡村振兴的前提与基础

实施乡村振兴，摆脱贫困是前提。乡村振兴的基本前提是全面摆脱贫困，推动农村全面进步、农民全面发展，尚处于贫困状态的区域无法实现更高程度上的乡村振兴，因此脱贫攻坚本身就是乡村振兴的重要基础。贫困乡村是中国乡村的重要组成部分，而只有全面消除贫困，包括贫困乡村在内的全国农村，中国乡村振兴战略才能顺利完成。所以，乡村振兴的前提和基础是首先打赢脱贫攻坚战，只有在妥善解决绝对贫困的问题后，才有可能解决相对贫困的问题，乡村振兴中文化、治理、民生、生态等内容才有实现的根本基础，未来才能逐步实现2050年乡村全面振兴的终极目标。

（二）乡村振兴战略为脱贫攻坚提供新的目标和长效保障

2020年11月23日，国务院扶贫办确定的全国832个贫困县全部脱贫摘帽，全国脱贫攻坚目标任务已经完成，脱贫攻坚进入到全新的阶段[①]，破解相对贫困较消除绝对贫困的目标更难完成。为巩固过去多年的扶贫成果，后脱贫时代的机制创新和政策完善至关重要。乡村振兴战略全方位、多层次地设立了乡村发展的重要内容和近远期目标，规划了中国乡村发展的美好未来，明确了未来农业农村发展的方向，为脱贫攻坚提供了新的目标和长效保

① 吕凡．全国832个国家级贫困县全部摘帽：脱贫标准是什么？［EB/OL］．凤凰网，2020-11-23. http://news.ifeng.com/c/81daUzhRvZN.

障。长远来看，脱贫攻坚的终极任务就是要实现乡村的全面振兴，使贫困乡村同全国其他乡村一样最终实现乡村振兴的总要求，从产业、生态、乡风、治理、幸福感提升等多个维度彻底解决“三农”问题，从根本上遏制脱贫人口因病、因学、因老等各方面原因返贫的现象，为贫困乡村、贫困户持久稳定脱贫提供长效保障。

三、青海省脱贫攻坚与乡村振兴政策衔接的主要内容

青海省认真贯彻落实党中央、国务院关于打赢脱贫攻坚战的号召，以保护生态环境和为人民谋幸福为出发点，团结一致，精准发力，努力实现真扶贫、扶真贫、真脱贫的美好局面。到 2020 年 4 月 21 日，青海省涉及的 1622 贫困村及 53.9 万贫困人口全部脱贫摘帽[①],绝对贫困现象已基本消除。如今的青海脱贫攻坚取得重大成效，一个个村集体经济之花竞相开放，一个个扶贫安置点面貌焕然一新，一张张群众脸上洋溢着生活富裕的面容，迈上奔向幸福小康之路的新征程。

（一）斩穷根：从教育扶贫到教育振兴

近年来，青海省逐渐落实各学段教育工作，如图 3-1 所示 2014—2019 年，青海省普通小学数量减少明显，从 2014 年的 1114 所减少到 2019 年的 724 所，说明青海省紧抓初级教育质量，合理配置优势教育资源进行合点并校，促进城镇化建设，也便于学校日常的运营管理，将妇女从家庭中解脱出来进城打工；普通小学在校学生人数不断增加，说明因贫辍学现象得到有效遏制，

① 郜晋亮 . 青海省全部贫困县脱贫摘帽［EB/OL］. 黑龙江省农业科学院，2020-04-21. http://www.haas.cn/newsview.aspx?id=20122.

义务教育巩固率得以提升；普通中学包括普通初中和普通高中，普通中学的数量没有明显变化，在校学生数略微增长，这是由于几年来教育质量的不断提高和职业教育技能的不断丰富，重点中学就读和选择中高专职业技能教育的学生增多，另外也体现了家长对孩子的教育逐渐重视。

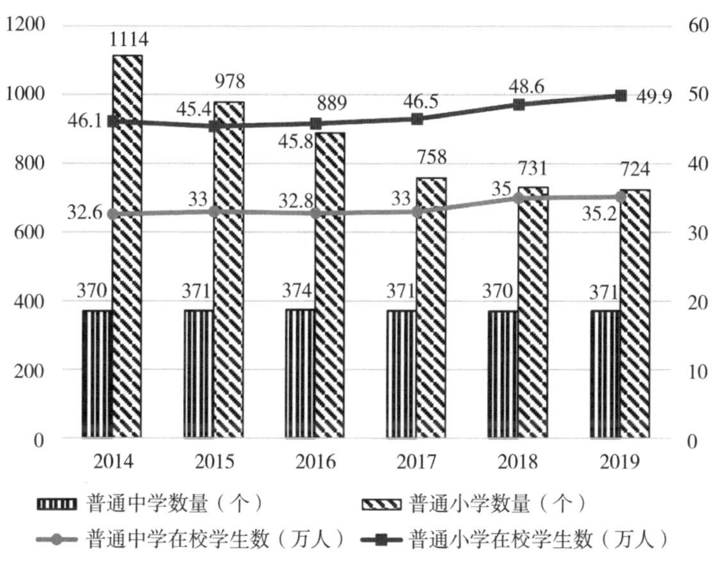

图 3–1　青海省普通中学和小学数量与在校学生数

数据来源：《2014–2019 年青海省统计年鉴》

经实地调研发现：首先，青海省农牧区普通话普及率明显提升，语言沟通障碍明显减弱；其次，在政府大力推进新型职业农民技能培训的状况下，农牧民参与技能培训的热情不断高涨，每户有劳动能力的家庭成员至少有一项政府认证的专业技能，大大激发了农牧民脱贫致富的内生动力。

学校是优秀文化的载体，也是培育人才的重要场所，近些年来教育部科学规划、合理实施“撤点并校”行动，建成乡镇寄宿制学校，住宿学生的生活水平大幅提升、教育装备逐渐优化，积极利用“互联网+教育”打造同步课堂，享受优质教育资源，逐步推进城乡教育一体化发展。“志气”与“智识”双提是破旧俗、斩穷根的有力武器，教育振兴的核心是人才和文化，留得住人才、守得住文化是当今乡村教育的内涵所在。在职业技能教育方面，青海省积极颁布鼓励职业技能培训的文件，进行全方位、多层次、宽领域的技能培训，逐渐树立大农业观并加强高技能人才队伍建设。

（二）强体魄：从健康扶贫到健康振兴

健康扶贫是实现全面脱贫攻坚的重要抓手，基层医疗卫生机构是保障基层人群身体健康的重要保障，如图 3-2 所示，2014—2019 年青海省基层医疗卫生机构从 1397 个增加到 6120 个，2014—2018 年增长速度较为缓慢，并伴随着基层卫生技术人员同比例增长，但是 2019 年基层医疗卫生机构增长迅速至 6120 个，究其原因，2019 年基层医疗卫生机构综合改革将村卫生室纳入基层医疗卫生体系，为广大城乡居民提供了更安全、方便、优质、廉价的服务。

经实地调研发现，农牧区城乡居民基本医疗保险和大病医疗保险覆盖率达到 100%，享受了城乡居民基本医疗保险个人缴费部分由财政补贴的优惠政策，但依然有少部分农户在 2019 年看病吃药有自费情况。家中有长期慢性病的农户中，家庭医生签约服务达到 100%，基本涵盖体检、健康教育和咨询、指导就医和用药、送药上门等服务，种种迹象表明健康扶贫的成效显著。

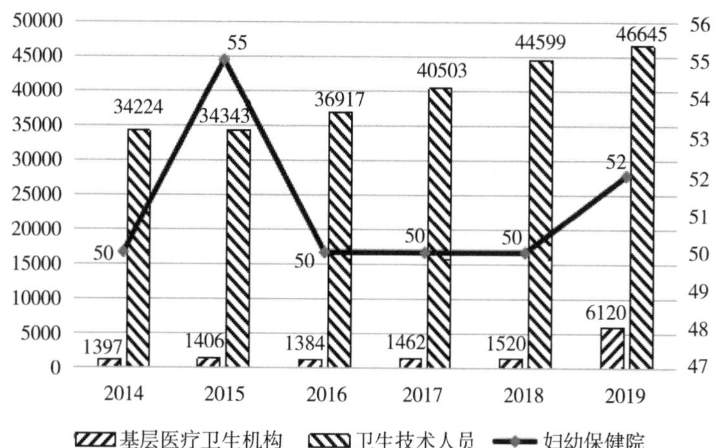

图 3-2 青海省医疗卫生条件状况

数据来源：《2014-2019 年青海省统计年鉴》

农村空巢老人、孤寡老人、留守儿童、孤儿、一老一少、残疾人等弱势群体依旧是乡村振兴重点要关注和解决的一大问题。要解决这一问题必须要将健康扶贫与乡村振兴相对接，青海省农村大病、重病防控与治疗体系、农村公共卫生服务体系、农村医疗队伍建设体系、农村卫生物资储备体系逐步建立并向着规范化进行，农村“厕所革命”、健康教育活动、环境整治活动也有条不紊地进行着，厕所风貌、健康面貌、卫生乡村等内在与外在相结合的“三位一体”工作成为青海省农村一道看得见的风景。

（三）挪穷窝：从异地搬迁到生活富裕

截至 2019 年 7 月，涉及青海省 5.2 万户 20 余万人的青海省“十三五”易地扶贫搬迁建设任务全面完成①，“挪穷窝”“斩

① 祁秀娟．“十三五”期间青海易地扶贫搬迁项目惠及 20 万人［N］．青海日报，2019.

穷根”“搬得出”“能致富”，逐渐改变“一方水土养不起一方人”地区和生态脆弱区，在“新窝”注入新的生命力，为全力打赢脱贫攻坚战提供有力支撑。据调研，当地有属于易地扶贫搬迁户的，平均搬迁新房面积超过80平方米，其中大部分农户在集中安置点（有10户以上规模），少数为分散安置。异地扶贫搬迁户从内心认可这一伟大举措，易地扶贫搬迁政策是一项德政工程和民心工程。

青海省易地搬迁后的社区整体建设水平显著提升，便民服务中心、文化活动室、幼儿园、社区卫生室等基础设施建设一应俱全，社区治理打造“和谐社区”“温暖社区”，组织社区文化艺术活动、全民健身中心、社会工作服务中心建立健全，“三馆一站一室”工程稳步推进，搬迁所产生的户籍迁移、子女转学等问题逐步化解。

（四）增福祉：从生态扶贫到生态宜居

生态扶贫是近些年来青海省治理生态环境、维护生态多样性，尤其为维护三江源地区水资源战略重地、保护生物多样性及建立物种资源基因库的重大举措。近十年的草原生态保护补助奖励政策使得牧区生活环境逐渐改善，禁牧补助和草畜平衡奖励鼓起牧民的腰包。三江源地区范围广、面积大、保护管理难度大，超过99%的居民都是藏族。当地居民世代居住，对自然环境的适应程度和大量传统保护知识、方法对有效治理公共资源起着举足轻重的作用。在三江源地区有着17000多名生态管护员，生态扶贫资金让社区居民参与治理，基于传统文化的价值观和现代保护理念深入涉藏地区居民心中，他们在保护生态环境不被破坏的同时将生态保护理念传递给更多人。在果洛州玛沁县阴柯河牧委会日赛牧女环保小组以完全自愿的形式开展环境保护行动，从前旅游垃圾遍地的阿尼玛卿山脚如今已是一片圣洁，这更加坚定了他们守护阿尼玛卿雪山的决心。

在基层干部的带领下，农牧区居民自发参与村级环境整治活动，积极改造本村环境“四乱”现象，农牧民生活卫生习惯和生产习惯显著提高，厕所环境整治项目得到有效推行，处于青海省农牧区的生态移民搬迁社区，政府在尊重宗教信仰与风俗习惯的基础上在社区修建公共厕所，并由本社区专门的公益性清洁员进行卫生清洁工作，“人畜分离”“独立厕”在农牧区流行开来，青海农牧社区变得更加美丽、整洁、有序，也必将提升农牧民群众的生活质量和幸福感。

（五）增收入、扩就业：从产业扶贫到产业振兴

十年来的对口援青工作为青海省发展提供了前所未有的物质动力和精神动力，十年前的青海工业污染严重、生态系统严重破坏、经济发展显著滞后，如今“绿水青山就是金山银山”理念以及“五个生态示范省”战略深入人心，青海人民将环境保护纳入经济发展的重点规划中，经济总量增速明显提高，人民生活质量不断改善，如今的成果少不了来自北京、天津、上海、江苏、浙江、山东 6 个发达省市对青海的无私帮助。其中，援助期间实施建设项目 2200 项，维护与修建乡道村道 1200 多公里，加固与重建 8.2 万户住宅，有效解决了 28 万人、141 万只牲畜安全饮水和完善 1.3 万户、5.1 万人用电设施[①]。共同举办扶贫协作国际论坛，签订产业扶贫合作协议、助建葡萄育苗基地和有机畜棚基地并参

① 何继红. 十年援青：大爱无言 情满高原［N］. 央广网，2020.

加重要博览会、共同谱写“雪域果洛”旅游品牌、绿色产业园建设和项目引进，已建成的产业园项目成为当地最大的高端制造业项目。这一桩桩、一件件动人心弦的感人故事，谱写了青海踏上致富奔小康新征程的辉煌之路。

十年援青充分显示了中国特色社会主义领导下的制度优越性，在民生领域、科学技术、产业发展方面取得了丰硕的成果。“共建”“共治”“共享”推动了产业发展、推动了技术进步、推动了收入增加、扩大了就业岗位，最主要的成果就是为青海注入产业发展动力，从资金保障到技术保障无一不体现出对口援青工作的红利，我们应抓住机遇和迎接挑战，常怀感恩之心，自力更生、艰苦奋斗，与支援方共谋互利共赢大道。

四、青海省脱贫攻坚与乡村振兴政策衔接中存在的问题及原因

（一）调研样本与内容分布

2020 年 10 月至 11 月，作者赴黄南州同仁县，海北州门源县、祁连县，果洛州玛多县、玛沁县，甘德县共 15 个乡镇 26 个村进行了为期 14 天的以问卷调查和深入访谈为主的实地调研，共发放有效问卷 231 份，回收有效问卷 200 份，有效回收率为 86%，调查问卷对象为当地农户，涉及了青海省的众多民族。调研样本年龄为 25–55 周岁，男性为主。进行深入访谈的对象为当地村两委班子、驻村干部、乡土人士，并得到有效深入访谈文本 15 份近两万字访谈文本，其中概括了基层干部群众对两大战略的了解和关注程度。同时，对青海省扶贫局、青海省农业农村厅相关领

导进行了访谈。

本次调查问卷分为三个部分，村民对脱贫攻坚的、乡村振兴、脱贫攻坚与乡村振兴有机衔接的认识程度三方面展开。

（二）样本数据分析统计

1. 当地村民对脱贫攻坚成效认可度高

如表 3–1 所示，当地村民对脱贫攻坚成效比较了解的占 38.89%，其次是了解一些的占比为 33.33%，很了解的占比 22.22%，完全不了解的占比 5.56%，从总体来说村民对当地脱贫攻坚成效是比较了解的。如表 3–2 所示，村民对当地脱贫成效的稳定程度认为非常稳定的占比 16.67%，认为稳定的占比 55.56%，认为一般的占比 27.78%，村民对当地脱贫成效还是非常认可的，这得益于上至党的领导，下至村干部的狠抓落实。如表 3–3 所示，当地农户一致认为以后不会有返贫风险，说明了他们对自己生活充满信心，也对政府的工作比较认可。

表 3–1　当地村民的对脱贫攻坚成效的了解程度

很了解	比较了解	了解一些	完全不了解
22.22%	38.89%	33.33%	5.56%

表 3–2　当地村民的对脱贫攻坚成效的了解程度

非常稳定	稳定	一般	不稳定	非常不稳定
16.67%	55.56%	27.78%	0%	0%

表 3–3　当地农户以后是否会有返贫风险

是	否
0%	100%

2. 重病或残疾是返贫的主要原因

如表 3–4 调研数据所示，脱贫以后造成贫困户返贫的主要原因中家庭成员患重病或残疾，比重最大为 42.86%，其次为子女上学负担加重为 21.43%，收入来源单一与自然灾害或突发事件占比都为 10.71%，抚养任务加重与基础设施落后占比都为 7.14%，从数据分析中可以看出农牧民因人力资本、金融资本的不足导致应对风险的能力弱，生计脆弱性明显。

表 3–4　当地村民对脱贫攻坚成效的了解程度

收入来源单一	家庭成员患重病或残疾	子女上学负担加重	基础设施落后	人口增多，扶养任务加重	自然灾害或突发事件
10.71%	42.86%	21.43%	7.14%	7.14%	10.71%

3. 当地村民成长动力不足

如表 3–5 所示，当前脱贫攻坚中主要存在的问题中，占比最大的是贫困户的成长动力不足为 41.18%，其次是农业合作社等中介组织带动力不强占比为 35.29%，最后是政府宏观调控措施力度不够占比为 23.53%，从数据中体现了当今脱贫攻坚任务的艰巨性以及村民寄希望于中介组织和政府为他们谋福利和增福祉的愿望。

表 3–5 当前脱贫攻坚存在的主要问题

政府的宏观调控措施力度不够	贫困户的成长动力不足	农业合作社等的中介组织带动力不强
23.53%	41.18%	35.29%

表 3–6 村民对当地乡村振兴的关注度

关注	比较关注	偶尔关注	不关注
11.76%	17.65%	11.76%	58.82%

表 3–7 村民对乡村振兴的了解渠道

村委会宣传	朋友亲属宣传	网络、电商等媒体宣传
28.57%	14.29%	57.14%

如表 3–6、表 3–7 所示，村民对乡村振兴建设的关注度较低，村民不关注达到了 58.82%，关注、比较关注、偶尔关注分别占比 11.76%、17.65%、11.76%，总体来看，首先为村民几乎不关注乡村振兴，零星几位关注的群众或是流动范围较大的乡土人士，或是乡村干部的亲朋好友，从网络、电视等媒体宣传中了解的占比最多为 57.14%；其次为村委会宣传和朋友亲属宣传，分别占 28.57%、14.29%，说明基层宣传工作不到位，宣传能力弱。

5. 当地村民对乡村振兴的参与度不强

如表 3–8 所示，有 70.59% 的村民不愿意主动参与当地乡村振兴建设，而只有 29.41% 的村民愿意主动参与当地乡村振兴建设，他们寄希望于本村的发展建设，希望可以通过本村发展建设为自己提供就近的就业岗位。

表 3–8 农户是否会主动参与当地乡村振兴建设

是	否
29.41%	70.59%

如表 3–9 所示，农户对乡村建设参与愿意度中非常愿意的占比 44.44%，比较愿意的占比 27.78%，视情况而定的占比 16.67%，不关注的占比 11.11%，从数据中可以看出村民对乡村建设发展的参与还是比较积极的，但是还是有少部分村民持顾虑和不愿意态度，这部分群体还存在小农观念，无法树立大局意识，这一现象与户主的性别及受教育程度有很大的关系。

表 3–9 农户向政府反馈当地乡村发展的意愿程度

非常愿意	比较愿意	视情况而定	不关注
44.44%	27.78%	16.67%	11.11%

6. 当地村民对脱贫攻坚与乡村振兴政策衔接不了解

如表 3–10 所示，村民对脱贫攻坚与乡村振兴有机衔接的关注状况中，关注过的占比 23.53%，从来没有关注过的占比 76.47%，究其原因，大部分县、乡、村三级还没有建立脱贫攻坚与乡村振兴有机衔接的政策框架和政策体系，基层干部摸不准干

表 3–10 村民最近是否关注过有关脱贫攻坚和乡村振兴有机衔接的相关内容

是	否
23.53%	76.47%

不透，宣传力度也就无从谈起，少部分了解的村民则是比较关心国家政事的中层文化人士，会从网络、电视中了解相应的内容。

7. 当地村民对脱贫攻坚与乡村振兴其他的意见和建议

（1）加强村级道路与路灯的修缮与管护

（2）完善低保评定标准

（3）多关注贫困边缘人群

（4）提升县、村领导班子的能力

（5）扩大就业渠道

同时，对黄南州同仁县部分村民进行关于产业发展带动、职业技能培训情况、职业技能培训后单位家庭中政府安排外出务工情况的调查。

8. 当地村民产业发展带动情况

表 3-11 所示，经调研发现调研样本数据中的建档立卡户，在与企业、合作社、大户的带领下发展产业的占总抽查建档立卡户的 18%。其中通过技术服务带动的占比 32%，代购生产资料带动的占比 23%，代销产品带动的占比 26%，托管托养带动的占比 19%。总体而言产业带动能力较弱，农牧民参与度较低。

表 3-11 产业发展带动情况

	是	否
在企业、合作社、大户的带领下发展产业	18%	82%
通过技术服务带动	32%	68%
通过代购生产资料带动	23%	77%
通过代销产品带动的	26%	74%
通过托管托养带动的	19%	81%

9. 当地村民职业技能培训与外出务工情况

如图 3–12、3–13 所示，单位家庭参与了职业技能培训占比 91.5%，单位家庭参与 1、2、3、4 人职业技能培训的占比为 43.46%、44.31%、9.17%、2.21%，总体来说农牧民参与农民职业技能培训较为积极；职业技能培训后单位家庭中政府安排外出务工中 0 人的占比最大为 85.43%，其次为 1 人占比为 13.33%，最后为 2 人的占比 1.24%，数据反映了农牧民求职能力弱、中介组织吸收能力不强、政府培训后期工作保障力度低。

表 3–12　职业技能培训情况

单位家庭参与了职业技能培训	（是）91.5%	（否）8.5%
单位家庭参与 1 人职业技能培训	43.46%	
单位家庭参与 2 人职业技能培训	44.31%	
单位家庭参与 3 人职业技能培训	9.17%	
单位家庭参与 4 人职业技能培训	2.21%	

表 3–13　职业技能培训后单位家庭中政府安排外出务工情况的调查

政府安排外出务工	（是）15%	（否）85%
政府安排外出务工中 0 人	85.43%	
政府安排外出务工中 1 人	13.33%	
政府安排外出务工中 2 人	1.24%	

10. 访谈体现的问题

进行深入访谈的对象为青海省扶贫局（2021 年更名为青海省乡村振兴局）、青海省农业农村厅相关负责人和当地村“两委”班子、驻村干部、乡土人士。在访谈时发现了以下问题：

基层访谈主要内容：(1) 县级、村级还没有明确的乡村振兴的规划，上级单位也缺乏指导，村级干部尽管都参加了乡村振兴的培训班，但还是拿不准不敢下手。(2) 村委班子面临换届，村干部工作积极性较差，甚至出现了干群分离，说明村干部与群众沟通不畅，村民参与村级公共事物的积极性低，认为说了也没有用的消极情绪普遍存在。(3) 村集体经济发展状况不佳，受环保政策限制许多标准化养殖厂被取缔。(4) 主打养殖产业的村集体污水处理设施、垃圾处理设施不到位，环境条件差。

主管部门相关人员的访谈主要内容：(5) 与脱贫攻坚相比，乡村振兴工作目标的群体数量更多、差异也更大。(6) 与脱贫攻坚相比，青海省乡村振兴的工作任务由于区域差异，工作压力会更大。(7) 一个必须面对的问题是脱贫攻坚中形成的治理框架，如何转换或者通过一定的再创新服务于乡村振兴的治理体系。(8) 青海省如何实现脱贫攻坚政策向乡村振兴政策的平稳发展，既要抓好梯度跟进、又要抓好优化升级，利用脱贫攻坚形成的坚实基础，利用乡村振兴的契机，促进乡村经济的发展。

从访谈中不难看出，青海省脱贫之后需要建立一个长效稳定机制来持续巩固提升脱贫攻坚的成果，而乡村振兴战略正是对脱贫攻坚成果进行有效巩固的一个重要战略，脱贫攻坚与乡村振兴政策有效衔接是今后一段时间内青海省相关部门面对的现实难题和工作总抓手。

（三）青海省脱贫攻坚与乡村振兴政策衔接中存在的问题

1. 政策衔接体制机制不健全

脱贫攻坚与乡村振兴政策的有机衔接是顺利实现“两个一百年”奋斗目标交汇过渡的战略选择，有其深刻的历史逻辑、理论逻辑和现实逻辑，其历史逻辑是时代交汇点的政策结合，其理论逻辑是消灭绝对贫困、缓解相对贫困、创新致贫体系的迫切要求，其现实逻辑是实现农村美、农民富、农业强的必然要求。

2019 年中央一号文件提出“五级书记抓乡村振兴”，是一种扶贫治理方式的转移，从这一转移中能够看到一些端倪，但脱贫攻坚中的政策完全转移难度大，这些政策衔接问题也是贫困地区非常关心的问题。青海省还没有完全从组织的角度，为实现乡村振兴与脱贫攻坚有机政策衔接建立健全体制、机制。目前乡村振兴相关的各项工作，主要由青海省农业农村厅负责，还没有完全在县、乡镇、村层面统筹乡村振兴与脱贫攻坚的政策衔接工作。部分乡镇级政府没有明确规划脱贫攻坚与乡村振兴有机衔接的政策框架与政策体系，乡村忙于脱贫攻坚任务的圆满完成而无暇顾及与乡村振兴的政策相衔接的机制，另外部分村干部面临换届没有足够的精力和动力去做规划的困难。

2. 目标群体范围扩大且主体意识薄弱

一是 2020 年脱贫攻坚圆满收官，青海省的乡村振兴工作会全面展开，首要面对的难题是目标群体比脱贫攻坚要宽、数量要多。一方面，依然要关注那些在脱贫攻坚中帮扶到位的老弱病残群体,今后在乡村振兴中“弱”的群体会成为突出问题,另一方面，青海省贫困户脱贫后造成返贫的主要原因是家庭成员患重病或残疾的比重较高，具有脆弱性和不确定性，返贫风险高，极易产生新的绝对贫困现象。例如，某县有一户家庭成员有六人，母亲 58 岁患腿部疾病；父亲 57 岁，平时牧牛羊（一头牛、四只羊）；大儿子患有癫痫，无劳动能力；小儿子意外被狗咬并摔伤，无行动能力，受到政府扶贫政策的帮扶非常到位，如果没有扶贫政策容易陷入“贫困陷阱”。另外，“贫困边缘群体”其收入水平略高于建档立卡贫困户，但得到的政策支持很少，他们是今后工作中需要关注的群体。因此，乡村振兴工作中如何解决好“面”与“点”的平衡，在脱贫攻坚工作中形成的精准到户的政策帮扶方式能否持续，是青海省在政策衔接上需要面对的现实问题。

二是部分农牧民主体意识薄弱。农牧民作为基层社会最庞大的群体，其对乡村振兴的关注度及支持力度自然不可小视。青海省农牧民对乡村振兴建设的关注度、参与度都比较低，有些乡镇政府致力于达到量化的工作目标，导致政府部门将放权作为一种形式，实际上是更加强势的管控力，其后果是政府对农民群体的素质评价出现偏差，认为农民群体只热衷于与自己切身利益相关的事务；其次，导致亲权攀附的行为，基层政权出现“滥用”，没有能力亲近公权的群众则出现“事不关己高高挂起”，甚至仇视的行为。调研数据也从侧面反映了基层乡镇、村级组织还未全面衔接乡村振兴政策体系与政策框架，主要是上级主管部门没有明确的规划和指示，且村干部思想认识与能力也有限，未能完全吃透、讲清。

3. 合理兼顾不同群体的需求目标难

一是乡村振兴是我国一个中长期的宏大战略，要伴随整个农业农村现代化的过程，脱贫攻坚是阶段性的战略任务，主要是对贫困户贫困村的生计保障和改善。

相比于东部早已起步的发达地区，西部地区刚刚脱贫，乡村振兴工作的时间开始点因我国农村的区域不同而具有很大的差异化。这样欠发达地区的压力会更大。青海省属于脱贫攻坚的难点区域，在打赢脱贫攻坚战后，如何合理地设立青海省不同区域乡村振兴的工作目标，既能引领各地工作，又能测度，对青海省来说是一个重要的政策衔接和实践问题。

二是脱贫攻坚政策具有显著的福利性特征，仅从农民职业技能培训看，对贫困户赋予了更多发展机会，参加各种形式的农民职业技能培训，并紧紧围绕着农业生产、农业增值、农产品流通、农业信息化而展开，实施农民职业技能培训有利于增强农牧民生产积极性、增加农牧民收入、提升贫困农牧民的整体素质。近年来青海省大力推行农牧民职业技能培训，截至2019年青海省人社部门转移就业贫困劳动力总数达到12.63万人，组织贫困农牧民技能培训2.97万人次,扶持贫困劳动力创业486人①。然而在实地调研中发现，一方面，部分农牧民个体参与职业技能培训的积极性非常高，经过家政服务、机械操作、烹饪技术、手工刺绣等多种类型的培训并颁发结业证书，但终究因学历水平、技术能力的限制，培训结业证书最终变成“空壳”，另一方面，部分贫困农牧民内生动力不足，积极性并不高。

三是青海省导致贫困主要是因病致贫，尽管青海省农牧区已经实现社会保障制度全覆盖，但保障水平有限，建立可持续的社会保障保护网络，可有效防止返贫，是今后乡村振兴工作面临的重大挑战。

四是政策制度的安排上如何协调，普惠性质的社会福利和社会救助政策,短期的“救急难”性质的政策和社会发展政策,例如,“公益性岗位”形成长效机制的可能性。

五是贫困村与非贫困村之间资源需求不平衡问题。

---

① 莫青.青海省去年累计实现贫困劳动力转移就业12.63万人［N］.中国新闻网，2000.

六是新型经营主体（致富带头人）和一般农牧户之间关系不平衡的问题等。

4. 产业扶贫政策持续发挥效益不足

产业扶贫是扶持有发展能力的贫困群体实现脱贫致富的重要手段，也是有效维持生计的关键力量。产业扶贫有利于调整贫困地区经济结构，有利于改善贫困基础设施建设，有利于促进贫困地区生态文明建设，有利于引导当地龙头企业健康发展，也有利于创造贫困人口增收致富。据调研，××村的主要产业是畜牧养殖业，该户只养殖了10头奶牛，其中3只幼畜，7只产奶成畜，在谈到牛奶销路时发现是小规模的自产自销，销售对象也是本村或者邻村需要牛奶的农牧民，销售方式也是零散式销售。据了解本村畜牧业养殖基本上就是此类现状，因此受养殖成本、自然环境影响的畜牧养殖产业难以持续。同时发现，2020年某乡全乡4家标准化的畜牧养殖合作社停产，原因是生态环境的制约与高标准的污染物处理要求。

产业带动能力较弱，农牧民参与度较低。例如，某乡森林总面积67300公顷，森林覆盖率达到45.49%，而耕地面积只有727.07公顷，人均耕地只有1.78亩[①]，耕地面积严重有限制约着××乡进行种植产业的进行与发展，环境保护压力也与当地养殖产业形成了较大的矛盾。同时，某村地处南阴山，沿水系带状分布，耕地质量不高严重制约着某村种植产业的发展，全村400多亩耕地承包给外村饲草种植公司，租金为300元/亩，剩余不多的零散耕地为全村养殖牲畜提供饲料补给，某村村干部认为如今本村

① 实地调研数据整理所得。

的主打产业只能是养殖业，几乎家家户户都在进行牛羊养殖，村里唯一的集体经济因靠近水系，因环保政策的相关规定至今都没有落实完成，村集体近百万的资金只能投到外县产业拿取 10% 的年分红。

因此，几个现实的问题需要尽快出台相关政策，一是，青海省如何解决产业发展中加工、销售、品牌建立、产业融合等环节发展不平衡的问题；二是产业发展金融扶贫政策是否延续，是否拓展更大的空间，是否创新出乡村振兴框架下的普惠信贷金融支持；三是异地扶贫搬迁中的贫困群体要确保“搬得出、稳得住、能致富”的目标，如何提供后续就业支持、在乡村振兴过程中如何建立既有利于产业的优化升级，又有利于脱贫攻坚成果的巩固及产业兴旺的跟进政策。

（四）青海省脱贫攻坚与乡村振兴政策衔接中问题的成因分析

1. 组织体系缺乏有效性

青海省贫困问题由来已久，贫困现状也错综复杂，脱贫攻坚绝非一朝一夕就能完成，巩固脱贫攻坚成果任务艰巨。因此，广大干部工作重心仍然要一定时期内仍需关注脱贫攻坚成果巩固，乡村振兴中的组织体系建设任务依旧不健全，从省级主管部门到县乡村三级政府部门工作重心转移到乡村振兴的力度与效果不足，两大战略的有机衔接滞后。

2. 政策宣传力度还需加强

政府忙于脱贫攻坚任务的完成无暇顾及乡村振兴的规划而导致了政策延续时限和受益群体不明确，对于乡村振兴细致的规划还未完善。其次是县、村级政府的宣传力度不到位，据了解多数村级组织在进行乡村振兴建设内容的宣传时不够全面，宣传形式也是以宣传栏、大字报的形式进行，与目前全省乡村村民的认知特征与习惯不符。

3. 农牧民自我效能感欠缺

青海省贫困人口主体脆弱性是一个现实难题，其贫困的原因是生计资本的缺乏。家庭劳动力少、劳动力文化水平低、劳动力接受新型事物能力弱、思想过于保守、家庭成员长期患病等人力资本不足；人均耕地面积、人均林地面积、人均草场面积不足等自然资本的匮乏；私有牲畜、家庭固定资产、生活生产资料有限等物质资本的缺失；年现金收入与储蓄能力、贷款能力与还款能力、获得救助等能力有限等金融资本的丧失；主动参与乡村建设发展的意愿、对周围人的信任程度低、资金支持的可获得低等社会资本的匮乏；生计资本的缺失导致农牧民生计脆弱性增加。部分农牧民缺乏主动创业精神以及冒险精神，难以转化惧怕风险的保守思想。

4. 缺乏人才振兴政策供给

中介组织是指农民专业合作社，采用资金、技术、劳动力、实物入股的形式，追求利益最大化的盈利性组织。但是青海省农村小农经济根深蒂固，缺乏利益共同体意识，由于自身能力限制而无法评估市场风险和树立长远的眼光；其次是责、权、利、益不明晰，青海省农村市场经济发展落后，缺乏特色产业发展，地方领导对其认识不足、引导能力不足、支持能力有限，管理机制不健全和权责关系不明确，众多合作社未建立风险评估机制来应对市场风险、自然灾害风险、政策调整风险等。种种不力因素严重限制着合作社经济的发展壮大，能够维持自身收支平衡已是最大的成果，对产业发展的带动能力也不足。

5. 部分农牧民共治积极性显著低下

村民自治是以解决村民生产生活中的公共需求问题为导向的，参与村民自治的主要影响因素包括利益、宗族、名誉。每位村民可以作为一个“经济人”，其主观能动性是获取更多的利益，这种利益不单单是金钱方面的还包括部分权威，当然部分村民就会产生乡村振兴建设是村级事务而不是个人事务的认识偏差。

五、青海省脱贫攻坚与乡村振兴政策衔接的政策框架

（一）政策衔接框架

2020 年是扶贫任务的收官之年，其目标是解决现有标准下的贫困人口的脱贫任务，也是乡村振兴的制度框架和政策框架初步健全的关键一年。脱贫攻坚与乡村振兴两大战略的目标都是为了实现“两个一百年”,两大战略的主要内容都是围绕“三农”问题，两大战略的主体都是农民，其出发点和落脚点都是为了实现农民的根本利益。

青海省在 2020 年 4 月 21 日全部贫困户和贫困县全部脱贫摘帽，实现绝对贫困全面清零[①]，意味着青海省贫困攻坚的主战场已经由消除绝对贫困到消灭相对贫困和巩固脱贫成果。但是青海贫困地区是“三区三州”重点“关照区”，青海省人口分布散，高寒地区生态脆弱贫困程度深等问题严重牵制着脱贫攻坚任务的顺利完成与乡村振兴战略的顺利开展。因此青海省两大战略衔接要从解决持续增收问题、缓解多维贫困问题、内生动力问题等三大

① 郜晋亮 . 青海省全部贫困县脱贫摘帽［EB/OL］. 黑龙江省农业科学院，2020-04-21. http://www.haas.cn/newsview.aspx?id=20122.

方面展开。例如产业扶持政策。相对贫困群体是与其他社会群体相比收入和地位都较低的群体，影响贫困群体收入和地位的有健康扶贫政策、易地扶贫搬迁政策、光伏扶贫政策、各项基础设施政策等；贫困群体的内生动力问题是解决自身发展的内源问题，也是保证贫困群体脱贫后不返贫的重要支撑因素，影响此类问题的有干部驻村制度、职业技能培训制度、致富带头人培训等。

（二）政策衔接路径

1. 沿用相关扶贫政策

关于脱贫攻坚和乡村振兴的侧重点上脱贫攻坚着重具体对待，微观施策，而乡村振兴强调顶层设计，全面规划。可以将脱贫攻坚作为乡村振兴重要的过渡性方面和内容，“过渡性”可以看作二者存在线性过渡的关系，不论是在脱贫攻坚成效显著还是成效微弱的地区，脱贫攻坚均为乡村振兴战略提供着借鉴和指导意义，例如工作机制、福利工作、基础设施建设、利在长远等各项扶贫政策等。一是工作机制方面，扶贫工作严格按照中央统筹、省总负责、市县抓落实的制度安排，做到“四不摘”和打赢脱贫攻坚战的“八个一批”。驻村帮扶制度是为完成精准扶贫和脱贫攻坚任务而设置的一项临时性制度安排，用较低的人力成本完成贫困村和人均收入较低的非贫困村的各项扶贫开发工作，青海省扶贫任务于 2020 年 4 月 21 日画上了圆满的句号，并不意味着驻村帮扶制度要彻底停止，对于一些村级组织能力较弱、自身发展能力不强的村庄，驻村帮扶制度应继续实施一定的周期，帮扶本村走上乡村振兴的正轨。

二是社会福利方面，对于失能特困人员、家中“一老一少”这类群体，应继续提供基本生活条件、提供疾病治疗、办理丧葬事宜、住房救助、教育救助；继续实施覆盖青海省的学前教育、义务教育、普通高中教育、中职教育等教育保障机制，实现“免、补、管”措施有效衔接、同步并举；三是基础设施方面，农牧区居民占青海省农业人口的比重较多并且分布广泛，该地因缺乏种植生产资料将畜牧养殖业当作主导行业，一定程度上造成畜禽粪污资源化利用不到位、农村生活污水排放随意，农村乱堆乱放、乱搭乱建等影响村容村貌现象普遍存在，因此要继续实施青海省农牧民居住条件改善工程与基础设施改进与管护工程，着力巩固乡村治理与农村民生领域工作；四是贫困群体自身拓展方面，消费扶贫是社会各界通过扩大贫困地区的产品和服务消费，来促进贫困人口提高自我发展能力来巩固自身脱贫成果的方式，而科技扶贫同样强调贫困群体的自我发展，这类政策积极促进贫苦人口稳定脱贫成果和贫困地区产业的持续发展。（表 3–14）。

2. 完善相关扶贫政策

绝对贫困的消除意味着未来的反贫困主战场在攻克相对贫困上，衡量标准也从单一的收入转变为包括经济维度上的收入和就业、社会保障、环境维度的生态环境等，这也意味着金融扶贫、生态扶贫、异地扶贫搬迁后续问题政策、产业扶贫等精准扶贫政策无法服务于解决相对贫困与实现乡村振兴，但是其出发点和落脚点都是毋庸置疑为贫困群体服务的，因此需要不断完善这类政策，实现脱贫攻坚与乡村振兴战略的有机衔接。

一是完善金融扶贫政策，近年来青海省较好地实现了金融扶贫的精准滴灌，金融产品日渐丰富，惠民网点不断增多，但是也出现了农村合作金融机构在信贷产品和服务创新方面仍有不足、农牧区信用环境建设滞后等问题，因此需要对金融市场进行精准

表 3–14 需要继续实施的扶贫政策

政策类别	继续实施原因	代表性政策内容与文件
工作机制方面	主要有《青海省开展消费扶贫促进精准脱贫的实施意见》《青海省科技扶贫专项方案》等文件	主要包括《关于加强第一书记和驻村工作队选派管理工作的实施意见》《第一书记和驻村工作队管理办法》《关于进一步加强第一书记和驻村工作队帮扶力量的十项措施》《进一步加强第一书记和驻村工作队帮扶力量的六项措施》等文件
社会福利方面	失能特困人员、家中“一老一少”无发展能力	主要包括《关于印发青海省特困人员救助供养办法的通知》《关于印发青海省推进养老服务发展若干措施的通知》
	农牧区学生、城市贫困家庭和涉农专业学生需加大帮扶	《关于完善城乡义务教育经费保障机制和实行 15 年免费教育的实施意见》等文件
基础设施改善方面	农村环境“四乱”依旧存在、畜禽粪污资源化利用不动位、农村生活污水排放随意	主要有《关于加强农业农村标准化工作实施意见的通知》《关于印发推进全省农牧民居住条件改善工程实施方案的通知》《关于深化农村公共基础设施管护体制改革的指导意见》等文件
对象拓展方面	增强贫困群体自我发展	主要有《青海省开展消费扶贫促进精准脱贫的实施意见》《青海省科技扶贫专项方案》等文件

对接，因户施策、精准扶持、优化环境；同时农牧业保险也要逐步完善。

二是完善生态扶贫政策，青海省由于特殊的地理位置和生态环境站在了生态战略位置的高地上。村级公益性岗位是社区参与环境治理的重要环节，但是也存在着公益管护员素质不高、绩效评定不合理、管护员缺乏必要装备等问题，因此该项政策应从加大培训力度、加大监管力度、健全配套设施三方面进行；青海省草原生态保护补助奖励政策实施的目的是加强草原生态环境保护，其核心是促进畜牧业生产方式转变，但是在政策制定与实施过程中出现了诸多问题，例如补偿力度不足、没有明确超载主体、牧民冬季补饲缺乏等问题，要从完善补偿体系、瞄准超载主体、扶持饲料产业、开源节流等方面进行。

三是完善产业扶贫政策，青海省产业精准扶贫有效分流了剩余劳动力，发挥区域优势从而巩固经济发展成果，但是青海省产业扶贫存在产业扶贫底子薄、特色资源分布不均、龙头企业带动不强的劣势，因此需要从推进扶产销一体化、转变农牧业产业结构、“产业 + 企业 + 分红”产业发展模式三方面进行完善；光伏扶贫是青海省一次性投入力度最大、覆盖面最广、收益率最高的一项惠民工程和德政工程，在农牧区实施光伏扶贫的收益以通过设立公益性岗位来体现，调动当地群众参与与光伏扶贫相关的村级公共事务，但是由于村民整体素质不高导致在进行光伏设施基础操作时出现不当、光伏运用工作监管出现偏差等问题，因此要从强化光伏公益性岗位培训力度和加强监督管理方面进行完善。（表3–15）

3. 新设相关扶贫政策

青海是西部地区中典型的城乡发展不平衡、乡村发展不充分的地区之一，青海省的城市化发展也停留在初步城市化阶段。虽然青海省扶贫政策取得了巨大成效，但是未来一段时间内相对贫困人口依旧存在，刘易斯的“推拉理论”中，农村的推力和城市

表 3–15 完善相关政策

政策类别	需要完善的原因	代表性政策内容及如何完善
金融扶贫	农村合作金融机构在信贷产品和服务创新方面仍有不足、农牧区信用环境建没滞后等问题	《金融支持帮准扶贫青海行动方案》的完善方法：引导金融机构加大金融扶贫产品和服务的创新力度、多元化融资需求的金融产品，推进扶贫金融政策向着普惠性发展。
	农牧民收入低、农牧业风险存在系统性特征、农牧民保险意识淡薄	《2020 年青海省农牧业保险实施方案和藏区牦牛藏系羊保险实施方案》的完善方法：加大投入力度，提高保险水平与质量，探索保险新模式，扩大保险业务、加大保险宣传力度，提高农牧民保险意识。
生态扶贫	农牧村生态管护公益岗位较多，且岗位职能比较单一，偏重于扶贫而不是生态保护	《关于印发青海省推进村级公益性岗位规范管理实施方案的通知》的完善方法：加大培训力度、加大监管力度、健全配套没施。
	农牧村生态管护公益岗位较多，且岗位职能比较单一，偏重于扶贫而不是生态保护	《青海省新一轮草原生态保护补助奖励政策实施方案》的完善方法：完善补偿体系、瞄准超载主体、扶持饲料产业开源节流。
产业扶贫	产业扶贫薄、特色资源分布不均、龙头企业带动不强	《贫困地区发展特色产业促进精准扶贫指导意见》的完善方法：扶产销一体化、转变农牧业产业结均、“产业 + 企业 + 分红”产业发展模式。
	光伏设施基础操作时出现不当，光伏运用工作监管出现偏差	《关干实施光伏扶贫工程工作方案》的完善方法：强化光伏公益性岗位培训力度和加强监督管理。

的拉力是促进城乡人口流动最主要的因素，这意味着农村一部分低收入群体会流入城市，在城市各种因素的挤压下依旧是低收入群体。因此，相对贫困群体可以概括为未享受建档立卡的边缘户群体、依靠政策兜底脱贫的人群和脱贫不稳定的群体、低收入和弱保障的农村流动人口群体、城市“三无”人员、城市失业人员、自然灾害突发疾病突发事故等因素造成的贫困群体等六大群体。要缓解这一矛盾，除了上述需要继续实施和完善的扶贫政策之外，还需要新设一部分扶贫政策，才能使得青海省两大战略有机衔接。从青海省目前的扶贫现状来看，新设的政策可以体现在以下几个方面：

一是巩固脱贫类政策，脱贫攻坚任务时间紧、任务重，从总体来看必然存在薄弱环节，例如低收入的非贫困群体保障体系不完善、农牧区基础设施更新管护不及时、产业项目对农村集体经济带动不强。实现青海省脱贫攻坚与乡村振兴有机衔接的前提是巩固脱贫成果，这就意味着要设置普惠性的医疗救助、养老保险、疾病防控等服务均等化的健康扶贫政策；在产业方面强调将市场需求与乡村实际条件相结合，深入研究市场、在科学定位产业发展方面，形成相对完整、发展稳定的产业体系，并积极创新产业发展模式，提高市场竞争力；在农牧区基础设施管护方面，加大对地方政府的基础设施建设项目投入力度，对已经损坏严重的基础设施村级组织向上级单位报告，经有关部门核实完成后给予重启资金，并强化村级公益性岗位的职能，将村级财产的保护力度与公益性岗位绩效挂钩。

二是多元主体参与相对贫困治理，相对贫困的多维性特征决定了相对贫困的复杂性，多元协同参与的特征中政府不是唯一的扶贫主体，社会组织和企业也可以成为扶贫的主体，例如在产业发展过程中，运用“政府 + 企业 + 合作社 + 贫困户 + 基层组织”的多元协同贫困治理模式、“龙头企业 + 基地 + 贫困户 + 金融”的产业扶贫新模式实现多方利益主体多赢的局面。另外，也要加大产业项目定点帮扶和东西协作帮扶。

三是建立相对贫困长效治理体系，制定包括健康、收入、权利、福利条件等一系列因素在内的相对贫困衡量标准，将“贫困六大群体”作为帮扶群体，并建立返贫动态监测和防范机制，从而建立相对贫困长效治理体系，在此基础上实现脱贫攻坚和乡村振兴的有机衔接。

六、青海省脱贫攻坚与乡村振兴政策衔接的几点建议

（一）各级政府建立农业农村优先发展的理念

实现脱贫攻坚和乡村振兴政策的有效衔接，首先需要各级党委和政府在工作理念和态度上始终予以高度重视。要切实践行“以人民为中心的发展”理念，把青海省在脱贫攻坚期间形成的宝贵成功经验和各种好的做法、典型案例，应用到乡村振兴和经济社会发展之中。

（二）提升基层干部的乡村治理水平

在脱贫攻坚过程中，下派的第一书记或驻村工作队长、帮扶干部承担了大量的政府职能工作，他们贴近农牧民具有丰富的工作经验，能够及时了解和回应广大农牧民的切实需求。同时，也要始终注重把村“两委”主要领导作为乡村振兴中主要的领导者和践行者，提升乡村干部的管理能力，调动村集体领导班子的主

观能动性，打造一支高水平的、“本土化”的乡村基层干部队伍。

（三）唤醒农牧民主体地位

1. 摆脱精神贫困

摆脱农村精神贫困，以“提智”来“提能”，将农牧民群体的社会参与能力与竞争能力激发出来，树立积极的生产生活方式。结合全社会力量进行“一户一技能一就业”职业培训和致富带头人培训以及发挥文化的治理功能。一是改变传统的物质扶贫，进行以工代赈、先建后补、金钱扶贫转为参与式产业扶贫；二是增强农民产业扶贫项目的决策权力，按农民意愿选择扶持项目，增强就业成就感；三是完善城乡公共文化体系，制定村规民约与合理的激励机制，约束和引导村民积极就业。以“志智”双提来摆脱农村精神贫困，唤醒农牧民主体地位。

2. 树立主人翁意识

树立主人翁意识要以农村环境治理为总抓手。一是鼓励农村居民树立环境保护、讲究卫生的良好生产和生活习惯；二是积极引导广大居民参与本村环境治理的工作，从规划、到设施、到实施和监督，每一环都不能离开农民群体参与，从而树立“主人翁”意识建成美丽乡村；三是注重对农民垃圾分类的教育，引进实用新技术加强农村垃圾的资源化利用；四是减少医疗报销待遇的群体差异；五是加大贫困地区的普惠性福利保障和社会服务水平，普遍提升农牧民人口的获得感。树立主人翁意识还要继承和弘扬优秀传统文化，青海不乏优秀的民族文化，例如同仁的热贡文化、互助的盘绣文化、祁连的则柔文化、河湟的花儿文化等，应充分挖掘文化魅力。

3. 加大农村社会事业发展力度，提升广大农牧民的幸福感

到 2022 年我国进入老龄化社会，农牧区的老年人口数量增速较快，青海省很多地区养老服务和资源不足，老年人会成为极易返贫的群体，提升养老服务供给、改善敬老院的养老服务水平，探索“基层医疗 + 养老”模式。同时，近年来青海省农牧区外出务工的人口数量较多，关注留守儿童的教育，建议提高学前教育的保障水平，并给予制度安排。

（四）完善农牧区产业发展的服务体系

一是由政府出资设立专项基金，建立全产业链的基本公共服务，解决农产品储运、加工、销售的各种困难，加强各县供销社建设，农牧区电商平台建设，推进农产品流通转型升级，提升青海省农牧区产业的增加值；二是充分发挥农民专业合作社、龙头企业和其他社会服务机构的带动作用，同时加强对服务主体的监管，保护农牧民的最大利益。

第四章 宗教和谐引领下的青海省涉藏地区精神脱贫机制研究

一、绪 论

（一）研究背景及意义

2020年青海省高质量完成脱贫攻坚既定目标，全面消除长期困扰青海省乡村的原发性绝对贫困后，下一阶段乡村贫困又将出现新变化：相对贫困将更加突出；多维贫困特点更加凸显；新一代贫困人群逐渐出现。这期间，围绕脱贫攻坚结束后如何持续推进减贫工作，巩固提升脱贫成果，实现后扶贫时期脱贫成效筑牢乡村振兴发展基础是未来青海省涉藏地区乡村的工作重点。脱贫攻坚已经实现物质脱贫的重要积淀，下一阶段将在巩固物质脱贫的同时，通过压实精神脱贫工作实现青海省减贫治理能力现代化，这也是事关青海省脱贫工作持续显效，实现涉藏地区稳定脱贫的重要课题。

青海涉藏地区因地理条件、区域特征、人口与历史文化、宗教信仰等差异，造成贫困面宽、贫困程度深的问题。青藏涉藏地区是区域性贫困的典型代表和脱贫攻坚的重点区域，也是减贫难度最高、返贫可能性最大的区域。作为已明确实施特殊扶持政策的青海涉藏地区，由于生态保护责任大、资源开发局限多、产业发展选择难、宗教信仰多元等客观原因，后扶贫时期脱贫成果巩固的压力依然较大。

由于涉藏地区整体自身造血功能不足，精神脱贫差距较大使得下一步的减贫和防返贫任务异常艰巨。研究脱贫政策延续期内，宗教和谐发展支持下的涉藏地区精神脱贫机制对解决民族地区持续减贫问题，保障涉藏地区社会稳定、经济发展具有十分重要的战略意义。

开展宗教和谐引领下的青海涉藏地区精神脱贫机制研究对下一阶段涉藏地区稳定巩固脱贫成果,乡村振兴显实效理论意义重大。

首先，精神脱贫是精准脱贫的重要标志。精准脱贫是直接关系到我国是否走社会主义道路的根本性问题，是中国特色社会主义理论的重要组成部分。实现各民族群众共同富裕，让没有能力条件或暂时没有能力条件发展的人也能脱贫致富，是精准扶贫、精准脱贫，实现共同富裕思想的核心所在。

其次，宗教和谐引领下的精神脱贫研究是关系到民族地区中国特色社会主义道路是否成功的重要标志。从理论上来说，动员组织公共资源和社会力量让涉藏地区贫困人民脱贫致富是社会主义制度优越性的重要体现。充分借助宗教的积极引导作用，有效构建精神脱贫机制从“精神脱贫—物质脱贫—全面小康”。

最后，宗教和谐引领下的精神脱贫研究是中国特色脱贫攻坚制度体系完善的现实需要，也是建立以改革为动力，创新扶贫体制机制，建立中国特色、涉藏地区特色脱贫攻坚制度体系的现实选择。

宗教和谐引领下的青海涉藏地区精神脱贫机制研究实际意义的表现如下：

首先，在脱贫成果巩固提升新时期，充分挖掘民族宗教中的优良传统，帮助社会和个人解决困难，化解矛盾，形成和睦相助、友爱向善的良好社会氛围，促进社会主义精神文明建设，加强民族团结、维护社会稳定传递正能量。

最后，精神贫困是更深层次的致贫返贫原因。宗教和谐引领下的精神脱贫研究，将为切实巩固好涉藏地区得来不易的脱贫成果，提升脱贫绩效提供有效的保障。

（二）研究文献述评

2020 年是全面打赢脱贫攻坚战收官之年。2020 年后，我们将进入解决相对贫困的后扶贫时期，生态、教育、文化、经济仍需要进一步加强，此外还需要进一步巩固贫困地区脱贫成果，而精神扶贫也将是后扶贫时期需要解决的重要问题。随着 2020 年全面脱贫的实现，贫困地区居民生活水平极大改善，但问题也同样出现，如部分群众脱贫致富的主动性低、依赖性增强；部分贫困地区连续被扶持多年却依然贫困，或者在短暂脱贫后又再度返贫。为解决此类问题，学界从精神扶贫的提出、特点、重要性及精神扶贫的途经方法出发，进行了各层面探讨。同时由于青海涉藏地区宗教文化发展的突出重要性，结合宗教和谐的目标及落实方式，尝试提出适应于青海省精神扶贫与宗教和谐的发展建议。

1. 精神扶贫

党的十八大以来，以习近平同志为核心的党中央高度重视农村贫困问题的解决，实施精准扶贫、精准脱贫方略，推动新时代脱贫攻坚取得历史最好成绩。与此同时，由于扶贫主体、方式及对象等多方面因素的制约，加之越往后扶贫难度越大。中国现阶段脱贫攻坚也暴露出一系列问题，特别是部分地区贫困人口缺乏内生动力，出现福利依赖的“等靠要”思想，或由于文化贫困、智力贫困而产生自我发展能力不足等，成为脱贫攻坚过程中的共性问题，这不仅影响脱贫质量的提升和目标实现，也埋下了返贫甚至贫困代际传递的隐患。可以说，精神贫困越来越成为脱贫攻坚成果巩固的一大阻碍①。

2018 年 8 月国新办发布的《关于打赢脱贫攻坚战三年行动的指导意见》中强调，要培育贫困人口内生动力，坚持“志智双扶”。在此之前，习近平总书记在党的十九大报告中指出：“注重扶贫同扶志、扶智相结合。”②2017 年中央经济工作会议确定脱贫攻坚要充分“激发贫困人口内生动力”③。这一系列要求说明，随着精准扶贫方略和乡村振兴战略的推进，精神扶贫作为精准扶贫的新领域，已然成为新时期农村脱贫和乡村发展的重要议题④。

要依靠精神扶贫解决扶贫过程中的实际问题，就必须从了解精神贫困的内涵特征出发，从根本上理解精神扶贫的定义及特点。

---

① 向德平，刘欣 . 溯源与发展：新时代中国精神扶贫思想研究［J］. 西安交通大学学报（社会科学版），2020.4（01）:8-13。

② 习近平. 决胜全面建成小康社会 夺取新时代中国特色社会主义伟大胜利［N］. 人民日报，2017.10.28（001）。

③ 中央经济工作会议举行 习近平李克强作重要讲话 - 新华网 http://www.xinhuanet.com/fortune/2017-12/20/c_1122142392.htm.

④ 林陈桐，吴国清 . 精神扶贫：新时期贫困治理亟待关注的领域［J］. 黑龙江生态工程职业学院报，2020-03-20。

精神贫困是指一些贫困群众虽然在物质上实现了脱贫，但却在思想上对扶贫政策“上瘾”，产生依赖，在精神状态上表现得极为消极。如有的人习惯了被动接受帮扶，消极懈怠；有的人不思进取，小富即安，甚至未富先安，没有积极进取的雄心壮志[①]。

解决精神贫困问题，激发贫困地区贫困人口内生动力，是打赢打好脱贫攻坚战的关键，也是习近平总书记关于扶贫工作论述的重要内容。总的来看，习近平关于精神贫困的思考特别是党的十八大以来有关激发贫困人口内生动力、扶贫与扶志扶智相结合等重要论断，进一步丰富了中国精神扶贫思想，对于当前打赢打好脱贫攻坚战，实现贫困地区贫困人口稳定可持续脱贫具有重要意义[②]。

同时，在整理文献的过程中也可以发现，精神扶贫在实质上有着与物质扶贫同等重要的意义。物质扶贫可以解决较贫困落后地区居民的基本生活保障，但是相对落后地区要想发展，要想建成更高标准的现代化美丽乡村，提高居民文化素养，通过当地居民不断发扬传统文化，精神扶贫便展现出极其重要的作用意义。只有人民群众在精神上丰富了，他们才有不断奋斗的动力，以及通过现代化方式发展地区经济的知识能力基础，因此要想从真正意义上摆脱落后局面，精神扶贫是关键。

从现阶段精神扶贫的推进来看，此项工作依然面临如下困境。

一是贫困农民的脱贫意愿不强。对于进一步改善生活的方式没有长远思考。首先，贫困农民存在着严重的“等靠要”思想，

---

① 王艺咨．物质脱贫后莫忘“精神脱贫”［N］．重庆日报，2020.08.14（011）。

② 向德平，刘欣．溯源与发展：新时代中国特色精神扶贫思想研究［J］．西安交通大学学报（社会科学版），2019.12。

他们习惯了把自己定位成贫困群众，等待着别人对他们的物质帮助，靠政府来获得非劳动或财政性收入，主动伸手向政府要扶贫资金。其次，贫困农民容易安于现状，不会主动去打破自身的贫穷局面，学者贺雪峰在《中国农村反贫困问题研究：类型、误区及对策》一文中指出，一个农民家庭只要有进城务工的收入就能大大满足一个生活需求，但是面对进城务工的机会，有一些农民更愿意待在农村这个熟人社会里游手好闲。最后，贫困农民的人生观、价值观呈现消极的状态。贫困农村中普遍有一种认定自己贫穷命运的思想，他们认为自身一没背景、二没财富，因此不可能改变自己的穷苦状况，这也导致一些贫困群众对政府提出的一些以农民为主体的扶贫项目十分冷漠[①]。

二是较贫困农民的脱贫能力不足。一方面，贫困农民思维方式陈旧，思想仍然停留在满足生活基础需求方面，无法与社会发展潮流的思想接轨。较贫困农民大部分身处落后闭塞地区，接收外部的市场需求、价格等信息有限，不能掌握适应市场经济的基本技能，缺乏经营管理能力，由于自身经济薄弱承担市场风险脱贫能力十分匮乏，因此他们很难参与市场竞争，也难以产生创新发展的思想，只能固守着过去农业生产时生活的本分。另一方面，贫困农民大部分自身受教育程度低，学习能力也弱。如今不少贫困农民对国家发布实施的关于“三农”、扶贫等方面的扶持政策还不了解或者存在认识偏差，而且在政府开展的免费技术培训中首先存在学不会的现象；其次培训宣传的力度也有待提升，有些较贫困地方的群众本身就对相关信息不够关注，政府对培训的宣

① 贺雪峰.中国农村反贫困问题研究：类型、误区及对策[J].社会科学，2017(04)：57-63。

传也不够深入大众，部分人仍不能灵活使用现代互联网通讯工具。没有可以获得持续性收入的劳动技能，也就不可能脱贫致富。

三是精神扶贫干部的工作效能亟待提升。第一，部分干部工作作风不扎实。部分农村的基层组织对精神扶贫工作的开展流于形式，只是按照上级部门要求机械完成任务，对于精神扶贫工作只看重眼前的利益而忽视长期持续发展的建设；第二，精神扶贫工作方法亟须改进。在网络媒体日益发展的今天，精神扶贫工作还是采用传统保守的工作方式。部分扶贫干部对于宣传精神扶贫的政策仍采用大喇叭、张贴宣传栏等单向灌输的方式，没有考虑到信息的覆盖面和贫困群众的信息接收度；第三，精神扶贫干部队伍能力不足。扶贫干部在精神扶贫工作中对贫困户的精神贫困认定没有一个量化的标准，对于精神扶贫包括哪些内容也模糊不清。由于没有建立良好的舆情调查和效果反馈机制，难以对开展精神扶贫工作后的效果进行评估。对精神扶贫的概念和内容缺乏了解，导致在开展精神扶贫工作中没有系统的思路，缺少针对性的方法①。

精神贫困是一种相对状态。一方面，相对于已经脱贫的物质生活而言，不少脱贫户的精神文化生活还十分“贫瘠”，不够丰富多彩,必须持续加以改善。“仓廪实而知礼节,衣食足而知荣辱”，在村民口袋富起来后，相关部门要不断加强农村文化体育等基础设施建设，通过乡村舞台、阅读室等文化设施的建设，不断丰富脱贫群众的精神文化生活，深入推进农村精神文明建设，让村民既富口袋,也富脑袋。还可以通过政策宣讲、田间科普、文化下乡、

① 黄婷．农村精神扶贫困境及对策探析［J］．经济研究导刊，2020（04）:9-10。

电影讲座等方式，不断提高脱贫群众的思想认识，帮助其树立更高层次的追求目标，改变其安于现状、不思进取的状态[①]。

农村精神贫困的特点同时也是其难以在短时间内消除的原因。为此，推进农村精神扶贫进程，至少需要从以下方面采取相应的对策。

首先，扶贫先扶“志”，从“要我脱贫”到“我要脱贫”。第一，致富手段上从“输血”到“造血”。一方面，“脱贫攻坚，群众动力是基础；必须坚持依靠人民群众，充分调动贫困群众积极性、主动性、创造性，坚持扶贫和扶志、扶智相结合，正确处理外部帮扶和贫困群众自身努力之间的关系，培育贫困群众依靠自力更生实现脱贫致富的意识，培养贫困群众发展生产和务工经商技能，组织、引导、支持贫困群众用自己辛勤劳动实现脱贫致富，用人民群众的内生动力支撑脱贫攻坚[②]”。扶贫干部应该在帮扶过程中大力提倡“光荣脱贫”，因地制宜地推广科技扶贫、旅游扶贫、电商扶贫等措施，让贫困农民平等地、有自尊地参与脱贫项目，依靠自己逐步摆脱贫困，让贫困农民不断强化自力更生能力。其次，制定奖勤惩懒制度。为了提高贫困农民的主动性，可以设定一套奖励勤劳、惩罚懒惰的制度。在对扶贫物资的分配标准里加入脱贫意愿、个人的劳动勤奋程度，在同等条件下脱贫意愿更强、劳动更勤奋的人可以额外获得更多的扶贫资源，而那些好吃懒做的贫困户将相应地扣除一些扶贫资金。最后，进行科学的人生观和价值观教育。要加强农村文明新风的建设，通过表彰和树

① 王艺咨．物质脱贫后莫忘“精神脱贫”［N］．重庆日报，2020.08.14（011）。

② 刘立，袁佳．黔西南“精神扶贫”工作开展的现状与不足［J］．中小企业管理与科技（下旬刊），2020.02。

立典型示范来营造一个多劳多得、勤劳致富的氛围。同时，扶贫干部要深入贫困农民当中，与他们交谈，对他们进行正确的人生观和价值观引导，时刻跟踪贫困农民的思想状况，做好相应的思想教育。

第二，扶贫必扶“智”，增强贫困农民的脱贫能力。第一，精准文化扶贫。精准文化扶贫有助于形成新的文化产业，凸显贫困地区文化的张力，激发破解贫困难题的内生动力。精准文化扶贫，要培育一支当地的文化扶贫队伍，融合当地特色文化发展文化产业，让文化扶贫既能改善贫困农民的思想也能成为发财致富的一种途径。因此有些学者便指出“干部和群众是脱贫攻坚的重要力量”，既要注重贫困对象的精神扶贫，又要“重视发挥广大基层干部群众的首创精神，支持他们积极探索，为他们创造八仙过海、各显神通的环境和条件”[①]；第二，坚持教育扶贫。教育能提高贫困农民自身的文化素质水平，为他们带来先进的知识和信息，不仅能改变自身落后的观念、陈旧的思维方式、保守的风俗习惯，而且还能阻断落后腐朽的思想传递给下一代。因此，必须坚持教育扶贫，加大对农村义务教育和职业技术教育的扶持力度，培育新时代的高素质农民，使农民有能力靠自己摆脱贫困。

第三，开展职业技术培训。培育贫困农民一技之长，才能让贫困农民有持续发展的后盾，在实际推行农林产业扶贫、电商扶贫、科技扶贫等措施的过程中，都需要对贫困农民进行一定的职业技术培训。职业技术培训要根据市场的需求和贫困农民的发展意向进行简单易学的设计，这样才能让他们获得脱贫的核心能力。

---

① 向德平，刘欣．溯源与发展：新时代中国特色精神扶贫思想研究［J］．西安交通大学学报（社会科学版），2019.12。

还有学者指出了一些更为实质性的建议供我们参考：一是弘扬“革命老区”的红色文化基因，培养感恩心态；二是发掘和引导绿色生态文化，为绿色生态可持续发展奠定基础；三是立足民族民居特色、村落形态，培育美丽乡村文化，提振人民群众的精气神；四是引导群众摒弃人情攀比文化；五是打造民俗文化，发展民俗旅游[①]。

通过对学者们前期研究的梳理发现，精神扶贫的方式主要有：一是扶贫先扶志，通过一些先进事例的宣讲和总结，提高较贫困地区居民的脱贫发展的思想积极性，让较贫困地区的居民看到更好的发展模式和社会最新的一些发展动向；二是通过文化教育，从根本上提高其脱贫致富核心能力；三是通过产业性发展，结合当地的发展优势，发展地方特色产业，通过商业性的接轨和发展，为居民带来实际收入以及和外界接轨的方式，通过经济发展带动思想提高；四是政府通过政策宣传及美丽乡村文化的刚性建设，为居民提供发展指引，通过政策引导居民积极发展实现精神脱贫。

2. 宗教和谐

通过梳理前期文献资料发现，宗教和谐的政策目标可概括为：鼓励各族群众巩固脱贫攻坚成果，努力创造美好生活，勉励广大宗教界人士继承弘扬爱国爱教优良传统，自觉抵御境外渗透和宗教极端思想，为当地经济发展、社会和谐贡献力量[②]。

要“坚持把民族团结和宗教和谐作为最大的群众工作，全面

---

① 李莹莹，王凤，尹德志 . 国内关于精神扶贫研究的几个问题［J］.“世界社会主义的历史与当代新发展”学术研讨会暨当代世界社会主义专业委员会 2017 年年会论文集［C］.2017.08.19。

② 扎实做好民族宗教工作［N］. 人民日报，2020.07.25。

贯彻党的民族政策，让‘三个离不开’和‘五个认同’进一步深入人心，不断增强各族人民中华民族共同体意识，坚持依法管理宗教事务，深化推进去极端化，依法治理和打击非法宗教活动，促进宗教领域更加和睦和顺”[①]。

要牢牢把握中华民族伟大复兴战略全局和世界百年未有之大变局，提高政治站位，树立全局观念，扎实做好民族宗教工作。要以铸牢中华民族共同体意识为主线，大力开展民族团结进步教育，加强中华民族共同体历史研究，推广普及国家通用语言文字，促进各民族交往交流交融。要做好“导”的工作，用社会主义核心价值观引领和教育宗教界人士和信教群众，依法加强对宗教事务管理，积极引导宗教与社会主义社会相适应。要坚决贯彻党中央关于涉藏工作的决策部署，多谋长远之策，多行固本之举，旗帜鲜明地开展反分裂斗争，推动中央各项支持政策落到实处，努力实现高质量发展和长治久安[②]。

在单边主义、保护主义肆虐的背景下，全球化正处于十字路口，中国采取以“导”为核心理念的宗教治理思想，把宗教治理纳入国家治理体系，积极引导宗教与社会主义社会相适应[③]，中国的宗教界人士和广大信教群众积极参与国家建设，推动“一带一路”建设，共建人类命运共同体，展示了中国特色社会主义制度的优越性，必将打破西方所谓的“中国威胁论”。与时俱进是中国多元宗教和谐共生的精神气质。中国多元宗教和谐共生，既受

① 让民族团结宗教和谐凝聚起强大正能量［N］. 伊犁日报（汉），2020.01.11（001）。

② 扎实做好民族宗教工作［N］. 人民日报，2020.07.25。

③ 尤权在青海调研时强调 扎实做好民族宗教工作 促进民族团结和宗教和谐［OL］中国宗教，2020.07.28。

中国传统文化精神的浸润，也与中国政府制定和实施了宗教信仰自由政策，建立起符合国情的政教关系密不可分。中国共产党自成立以来，坚持将马克思主义宗教观同中国实际相结合，积极构建中国特色的新型政教关系，展示了中国特色社会主义道路的优越性，打破了西方历史终结论。交流互融是中国多元宗教和谐共生的价值导向。中国宗教界坚持宗教中国化的优良传统，宗教文化成为中国传统文化重要的组成部分，各宗教都倡导服务社会、造福人群，推动宗教与中华文化融合再造，打破了西方所谓文明冲突论。互学互鉴是中国多元宗教和谐共生的内在本质要求。历史上，中华民族超越了种族、地缘、宗教的限制，依靠文化认同而凝聚在一起；中华文明从未拒绝过任何外来宗教和文化，反对非此即彼的排他性，使多宗教多文化和谐共生，打破了西方所谓“文明中心论”。和平宽容是中国多元宗教和谐共生的处世之道。中国没有搞过文化强行输出，只有互学互鉴、求同存异；中国没有国强必霸的历史，即使在国力最强大的时候，也没有进行对外军事征服；面对“本国优先”“逆全球化”思潮蔓延，中国多元宗教和谐共生的格局，说明了文明彼此间是可以和平共存的，打破了西方所谓的国强必霸论。当今世界正处于百年未有之大变局，中国倡导构建人类命运共同体的思想，强调要尊重世界文明多样性，以文明交流超越文明隔阂、文明互鉴超越文明冲突、文明共存超越文明优越，携手推动建设持久和平、普遍安全、共同繁荣、开放包容、清洁美丽的世界，必将促进全球合作治理模式的形成。①

---

① 张佐 . 中国多元宗教和谐共生的世界意义［J］. 中国宗教，2020（02）:38-39。

二、青海省涉藏地区宗教发展与精准脱贫现状

（一）青海省民族分布情况

青海省是我国多民族聚居的地区之一，也是我国北方少数民族发祥地之一。青海省共有 54 个民族，据 2010 年青海省第六次人口普查统计，青海省汉族人口为 2983516 人，占总人口 562.67 万人的 53.02%，各少数民族人口为 264.32 万人，占总人口数 46.98%。其中：藏族 137.50 万人，占 24.44%；回族 83.42 万人，占 14.83%；土族 20.44 万人，占 3.63%；撒拉族 10.70 万人，占 1.90%；蒙古族 9.98 万人，占 1.77%；其它少数民族 2.25 万人，占 0.40%。少数民族中人口超过万人的有藏族、回族、土族、撒拉族、蒙古族等五个民族。

同 2000 年第五次人口普查相比，汉族人口增加了 160211 人，增长了 5.67%；少数民族人口增加了 284951 人，增长了 12.08%。少数民族人口比重由 45.51% 提高到 46.98%。各地常住人口分布情况是：西宁市 2208708 人，占青海省常住人口的 39.25%；海东地区 1396846 人，占 24.82%；海西蒙古族藏族自治州 489338 人，占 8.70%；海南藏族自治州 441689 人，占 7.85%；玉树藏族自治州 378439 人，占 6.73%；海北藏族自治州 273304 人，占 4.86%；黄南藏族自治州 256716 人，占 4.56%；果洛藏族自治州 181682 人，占 3.23%。与 2000 年第五次人口普查相比，玉树州人口增长最快，10 年间增长 40.78%；其次是海西州，增长 32.56%；而后依次是果洛州、黄南州、海南州、西宁市。

2019 年末青海省常住人口 607.82 万人，比上年末增加 4.59

万人。按城乡分，城镇常住人口 337.48 万人，比上年末增加 8.91 万人，占青海省常住人口的比重（常住人口城镇化率）为 55.52%，比上年末提高 1.05 个百分点。少数民族人口 289.99 万人，占 47.71%（青海省六州人口情况如表 4–1 所示）。

表 4–1　青海省六州人口统计表

单位：万人

	常住人口	户籍人口	城镇户籍人口	乡村户籍人口
海北州	28.49	29.56	8.05	21.50
玉树州	42.25	41.54	7.12	34.41
黄南州	27.68	27.85	7.01	20.85
海南州	47.80	47.15	10.70	36.45
果洛州	21.15	20.38	5.92	15.23
海西州	52.07	40.38	27.89	12.49

（数据来源：根据青海六州 2019 年统计年鉴数据整理）

青海省各族人民在长期的共同生活、生产活动中，团结友爱、和睦共处、相互帮助、并肩战斗，建立了深厚的民族情谊。千百年来，他们用自己的勤劳和智慧建设着美丽富饶的家乡，创造着灿烂的文化，谱写了光辉而悠久的历史篇章。

（二）青海省民族宗教概况

青海省 5 个世居少数民族聚居区均实行区域自治，先后成立了 6 个自治州、7 个自治县，其中有 5 个藏族自治州（玉树州、果洛州、海南州、海北州、黄南州），1 个蒙古族藏族自治州（海西州），1 个土族自治县（互助县），1 个撒拉族自治县（循化县），2 个回族自治县（化隆县、门源县），2 个回族土族自治县（民和县、大通县），1 个蒙古族自治县（河南县）。自治地方面积占青海省 72 万平方公里总面积的 98%，区域自治地方的少数民族人口占青海省少数民族人口的 81.55%。此外作为民族区域自治的一种补充形式，青海省还建立了 34 个民族乡，自 2001 年撤并乡建镇后，目前尚有 28 个民族乡。

青海省同时也是多宗教省份。佛教、伊斯兰教、道教、基督教和天主教五大宗教在青海省都有传播，其中藏传佛教和伊斯兰教在信教群众中有着广泛而深刻的影响，藏族、回族、土族、撒拉族和蒙古族等几个世居民族，多数民众信教。据 2004 年青海省宗教活动场所年检统计，青海省共有宗教活动场所 2100 多座（所）。共有宗教教职人员 29000 多人，占信教群众的 1.33%。青海省有信教群众 200 多万人，占青海省总人口的 41.65%。青海省现有省级宗教爱国团体 5 个，即青海省佛教协会、青海省伊斯兰教协会、青海省基督教“三自”爱国运动委员会、青海省基督教协会（简称省基督教“两会”）、青海省道教协会；州、市级宗教爱国团体 13 个；县级宗教爱国团体 25 个；省级宗教院校 2 所，即青海省藏语佛学院、青海省伊斯兰教经学院①。

（三）青海省涉藏地区精神脱贫成效

1. 青海省精准脱贫成效

2019 年底青海省 42 个贫困县、1622 个贫困村全部脱贫退出，实际减贫 53.9 万人，绝对贫困和区域性整体贫困在青海省得到历史性解决。贫困群众人均可支配收入年均增长 36.8%，目前达到 10504 元，“造血”功能明显增强。贫困地区面貌得到彻底改变，

---

① 青海省民宗委网站信息 2012.11.23 10:49。

生产生活条件全面改善，群众生活质量大幅提高，基础设施和公共服务保障水平明显提升，生态文明建设实现了从理念到实践的历史性升华，民族团结进步和社会和谐稳定局面持续巩固，基层基础进一步夯实，贫困治理能力不断增强，党在民族地区的执政基础更加稳固。

截至 2020 年 9 月，青海省实际用于脱贫攻坚的各类资金达 960.4 亿元，年均 210.7 亿元，约占年均一般公共预算支出的 12.8%。

2016–2020 年，省财政共争取中央财政专项扶贫资金 154.5 亿元，年均增幅超过 14%，重点支持扶贫到户产业、光伏扶贫、旅游扶贫等扶贫发展项目及贫困地区小型基础设施建设项目。此外,2020 年争取中央脱贫攻坚补短板综合财力补助资金 7658 万元，支持各地全面落实省委脱贫攻坚“补针点睛”工作要求,按照“缺什么，补什么”的原则，统筹用于脱贫攻坚补短板。

在积极争取中央资金支持的基础上，持续加大省级财政扶贫资金投入力度，建立了省级财政扶贫资金年均增长 20% 的投入保障机制。2016—2020 年，省财政共争取中央财政专项扶贫资金 154.5 亿元，年均增幅超过 14%，对全面完成脱贫攻坚目标任务奠定了财力保障。

根据《国务院办公厅关于支持贫困县开展统筹整合使用财政涉农资金试点的意见》(国办发〔2016〕22 号)，青海省结合实际制定了《青海省人民政府办公厅关于支持贫困县开展统筹整合使用财政涉农资金试点工作的实施意见》(青政办〔2016〕123 号)，按照财政支农资金预算管理方式改革的要求，将原有若干项财政支农专项整合成农业生产发展、农业资源及生态保护补助、农业生产救灾、水利发展、扶贫专项、农村综合改革等大专项，并对原有资金管理制度进行修订完善，切实解决资金使用“小、散、弱”问题，从省级源头支持各县开展资金统筹整合。同时，为进一步破解贫困县脱贫攻坚投入需求与县级财力状况不匹配的问题，按照建立“多个渠道引水、一个龙头放水”的扶贫投入新机制要求，支持青海省 39 个贫困县开展财政涉农资金统筹整合，逐县落实整合方案“两上两下”评审机制，规范资金整合范围及用途。2016—2020 年 9 月，贫困县实际统筹整合各级财政涉农资金用于脱贫攻坚的资金规模达 705.3 亿元，切实增强贫困县统揽经济社会发展全局能力，保障贫困县集中资源打赢脱贫攻坚战。

在省级财政大力扶持下，青海省精准脱贫在各层各面取得扎实成效。

（1）基础设施

2016—2019 年，经过四年不懈努力，青海省农村牧区饮水安全巩固提升工程累计投资 27.75 亿元，巩固提升了 234.67 万人、涉及 30.14 万贫困人口的饮水安全水平，实现绝对贫困人口饮水安全“清零”目标。至 2019 年底，青海省农村集中供水率、自来水普及率、供水保证率和水质达标率分别为 84.7%、78.1%、92% 和 71.2%，提前一年完成了《青海省农村牧区饮水安全巩固提升工程“十三五”规划》目标任务，广大农牧民群众饮水保障水平得到了进一步提高。

2016 年以来，青海省已累计落实投资 337.59 亿元，其中中央投资 171.75 亿元，省级投资 106.24 亿元，地方投资 59.60 亿元。重点支持贫困地区中小河流治理、淤地坝除险加固工程、小流域综合治理和坡耕地整治、重大水利工程建设、中小水库及配套工程、山洪灾害防治、灌区改造、水利工程维修养护等其他水利扶贫项目。

对青海省 42 个贫困县（市、区、行委）52 万贫困人口中有建房需求的 77565 户贫困农牧民实施危旧房改造，改善居住条件，达到住房安全有保障的目标（其中，就地危房改造的建档立卡贫困户 58462 户，与建档立卡贫困户同步易地整村整社搬迁的非建档立卡贫困户 19103 户），并纳入省委省政府脱贫攻坚“1+8+10”政策体系和深度贫困地区脱贫攻坚“2+5”政策体系。围绕“两不愁三保障”总体目标中住房安全有保障工作。2016–2019 年，青海省累计安排实施农牧民危旧房改造任务 20 万户，其中 4 类重点对象改造任务 7.8 万户（建档立卡贫困户 5.5 万户），累计安排中央及省级农牧民危房改造专项补助资金 48.33 亿元（中央财政补助资金 11.42 亿元，省级补助资金 36.91 亿元）。

实施新一轮农网改造升级。“十三五”期间完成 555 个中心村电网改造升级、413 个自然村的动力电通电、136 个自然村的动力电改造、593 个贫困村电网改造；“三区三州”农网改造升级攻坚三年行动计划累计完成投资 86.34 亿元，解决了 496 个建档立卡贫困村、279 个深度贫困村、503 个易地扶贫搬迁村用电问题，让深度贫困地区群众用上了稳定电。

（2）交通条件

“十三五”期间青海省完成交通固定资产投资约 1649 亿元，为“十二五”期间的 149%，青海省公路通车里程达 8.5 万公里，高速和一级公路达 4040 公里，已实现国家高速公路主线全部建成，青海省 8 个市州及 67% 的县城通高速（含一级）公路，所有县城通二级公路，并建有二级及以上公路客运站或能力适应的三级公路客运站，提前一年完成具备条件的乡镇和建制村100%通硬化路、通客车的“两通”兜底目标，“外通内联、通村畅乡、客车到村、安全便捷”的公路网络基本形成，农牧区出行问题得到有效解决，交通运输总量供给不足的状况得到明显改善，交通脱贫攻坚工作成效明显。

（3）培训就业

2016年以来，青海省人社部门转移就业贫困劳动力12.63万人（完成四年目标任务10万人的126.3%）；组织贫困劳动力技能培训2.97万人次（完成四年目标任务1.6万人次的186%）；扶持贫困劳动力创业486人（完成四年目标任务400人的121.5%）；调剂扶贫公益性岗位2000个（完成四年目标任务2000个的100%）。2020年9月底，已实现已脱贫贫困劳动力转移就业17万人，完成年度目标任务16.8万人的101.2%。利用青海省公益性岗位名额，先后在所有建档立卡贫困村调剂安置2000名建档立卡贫困人员上岗工作，实现年人均收入约2.5万元，在贫困地区发挥作用的同时，也解决了自身家庭的贫困问题。2018年，出台《青海省公益性岗位开发管理办法》，加强公益性岗位实名制动态管理，对腾退的公益性岗位，优先安置深度贫困地区劳动力。

同时，全面了解企业用工需求和人力资源供给缺口，开发市场需求量大、岗位匹配度高的技能培训项目，力促贫困群众技能与就业衔接。积极打造适应涉藏地区发展，满足少数民族贫困劳动力的个性化、差异化培训需求的精品培训项目如热贡“唐卡”艺术，并向所有具备资质的职业培训机构开放。优化培训方式方法，坚持服务下沉，采取集中培训、弹性培训、上门培训等方式，进乡镇、进村组、进家庭“一对一”精准培训，让参培人员看得懂、学得会、用得上。

（4）健康扶贫

2016年以来，青海省认真贯彻落实党中央国务院和省委省政府坚决打赢脱贫攻坚战的战略部署，围绕“看得起病、看得上病、看得好病、少生病”的总目标，加强领导，健全制度，完善政策，输血与造血并重，普惠与特惠兼施，精准施策，强力推进，健康扶贫工作取得显著成效。青海省53.9万建档立卡贫困人口中7.8万因病致贫返贫人口已全部脱贫；累计精准识别贫困患者8.36万名，实现救治全覆盖；青海省5.46万名慢性病贫困患者纳入家庭医生签约服务管理，2.33万名大病患者得到集中救治；青海省贫困患者住院报销比例始终保持在90%以上，群众的获得感和满意度不断提升。建立健全重病兜底保障机制。将农牧区贫困人口全部纳入基本医保、大病保险、医疗救助范围，实现贫困人口医疗保障制度全覆盖。

（5）精神扶贫

一是加强优秀艺术作品生产。2015年以来，落实艺术创作资金2000万元（省级投资），青海省创作大小型剧目共20部，35个集体和个人获国家、地区、省级奖项。儿童京剧《藏羚羊》，民族歌舞剧《热贡神韵》《玉树不会忘记》，藏戏《松赞干布》，平弦戏《未婚妈妈》，民族风情歌舞诗《中国撒拉尔》，舞蹈《陶纹梦圆》分别获得国家级奖项。

二是开展送戏下乡活动。通过政府购买公共文化服务方式组织各地优秀民间艺术表演团体、公共文化机构文艺团队等赴各乡镇，广泛开展“戏曲进乡村”演出活动，以优秀的剧（节）目鼓舞人，引导各族群众听党话、跟党走、感党恩，促进民族团结，努力脱贫致富，传承优秀传统文化，培育文明乡风。2016–2020 年省文化系统开展送戏下乡活动 10000 余场次，组建 50 支“大美青海”文艺轻骑兵赴青海省各地开展下基层演出。

三是实施重点文化惠民工程，助推文化小康建设。坚持文化引领，实施文化惠民项目，着力在提升贫困地区文化服务助推脱贫攻坚上用心用情用力。首先，提升文化服务。2015 年以来，省委宣传部争取中宣部支持，在 137 个村实施了“百县万村”综合文化服务中心示范工程，在 1567 个村实施了贫困地区村综合文化服务中心覆盖工程，按照农区“10 个一”、牧区“8+2”的标准，建设融多种功能于一体的综合性文化服务中心，满足群众精神文化需求。其次，加强未成年人思想道德建设。实施乡村学校少年宫项目建设，仅 2020 年，新建中央项目学校 24 所，做好 2020 年乡村学校少年宫项目资金使用管理工作，共计拨付 721 万元运转补助资金、345 万新建少年宫项目建设资金，组织实施工作推进有序，基本实现青海省贫困县乡村学校少年宫全覆盖；组织召开 2020 年度乡村学校少年宫项目培训现场会，组织新建学校参观学习，加强对乡村学校少年宫的建设管理，切实发挥育人作用；积极开展“新时代好少年”推荐，如青海省推荐的马伟同学入选全国“新时代好少年”；与省教育厅联合印发《青海省文明校园创建管理办法》，认真组织开展第二届全国文明校园申报推荐和测评工作，向中央文明办推荐 1 所高校、3 所中学、3 所小学。再次，实施乡村影视工程。指导协调省广电部门大力实施农村公益电影放映工程，落实中央财政资金 389 万元对青海省 1622 个村开展电影放映工作，保证每个贫困村每月放映一场公益电视，受到群众广泛欢迎。落实中央财政资金 4.18 亿元实施广播电视无线数字化覆盖工程，为青海省 384 座广播电视台站配备数字化发射设备，将原有的广播电视模拟信号向数字信号升级，基本覆盖青海省所有贫困村，为群众提供了优质的广播电视节目。最后，做好广告精准扶贫。央视多个频道推出了青海牦牛肉、藏羊肉、藜麦、高原菜籽油、囊谦旅游 5 个产品广告。同时，为进一步扩大宣传效应，协调省级主要媒体、省内外重点网站和社交媒体平台进行重点推荐，拉近了青海特色产品与网友之间的距离。“央视广告精准扶贫”项目的实施，使青海省一批优质农牧产品借助央视广告平台，走向全国、走向世界，极大提高了知名度和影响力，有力带动了贫困地区特色产业发展，加快了贫困地区群众脱贫致富步伐。

2. 青海涉藏地区精神脱贫成效

2019 年 11 月 4 日青海省民宗委公示信息显示（如表 4–2），青海省六州两市经青海省藏传佛教寺院经师资格认定委员会评

表 4–2 青海省藏传佛教寺院 50 岁以上经师

单位：人

州名＼级别	特级	高级	中级	初级	合计
果洛州	9	31	24	24	88
海南州	7	17	12	5	41
黄南州	5	18	19	19	61
西宁市	4	7	3		14
海东市	5	12	1	3	21
玉树州	7	21	16	23	67
海北州		4	1	5	10
海西州			1	3	4
合计	37	110	77	82	306

（数据来源：根据 2019–11–04 青海省民宗委官网公示信息整理）

审，共认定初级至特级经师306人，其中以果洛州数量最多，为88人，其次为玉树州、黄南州、海南州。藏传佛教经师数量从一定程度上说明所在州宗教的社会影响水平与渗透情况。故本研究调研及分析以果洛州、玉树州为主进行。

（1）正确引导，切实减轻群众宗教负担

青海涉藏地区各州脱贫攻坚期内均把精神脱贫工作与减轻信众宗教负担、减少农牧民群众宗教支出紧密结合。按照青海省要求，及时召开会议，把“精神扶贫”与地方脱贫致富、精准扶贫工作有序衔接，做到“精神脱贫”与“精准扶贫”工作紧密结合，相互关联。切实减轻群众宗教负担。禁止宗教摊派增加信教群众负担，控制丧葬习俗中宗教支出。充分发挥佛协作用，防范各类隐患。把好“审查关”，各地佛协积极发挥桥梁纽带作用，积极倡导利用法会、利用宗教代表人士，正面发声、正面引导，树立“脱贫光荣”“勤劳致富”的思想。控制法会收支。法会是信教群众宗教支出的大头，针对这个问题，各地佛协明确规定宗教活动场所举办的法会期间不得以任何形式收取高额的供废费用、对诵经祈福费用规定上线，收支情况在法会期间进行公示，广而告之，对贫困户、低保户、五保户进行无偿诵经。

（2）加强教育，切实转变禁宰惜售不利因素

注重在“导”上下功夫，有针对性地开展教育引导。解决少数宗教教职人员借宗教名义干预牲畜屠宰出售，部分寺庙借开展“素食活动”强制信教群众戒荤等问题，将科学饮食知识列入宗教教职人员培训内容，组织宗教界人士正面教育、示范引导信教群众科学饮食、健康饮食。加强网上舆论引导，开通微信公众号，建立微信交流群，覆盖僧尼；深入推进民族团结进步创建进寺院，

筑牢“三个离不开”的思想基础，推进“七五”普法和“寺院法制宣传月”活动，把法制宣传与依法治寺、依法管寺、以戒管僧相结合。

（3）激发内力，切实扶贫扶智

依法加强对宗教活动场所和教职人员管理，坚持正面激励与反面约束相结合，建立奖勤罚懒工作机制，表彰致富典型，研究出台“贫困懒汉”的惩戒措施，激发贫困群众自力更生、脱贫致富的内生动力。在宗教领域深入开展“明理、感恩、自强”教育和脱贫典型巡回宣讲活动，用身边的事教育贫困群众，用宗教代表人士的话引导贫困群众，帮助贫困群众树立自力更生摆脱贫困的志气和勇气。

（4）教育养成，切实推进健康扶贫

把健康扶贫与防病治病结合起来。着力推进健康教育，解决群众健康知识知晓率不高、健康生活和行为方式未养成、有病不就医、信巫不信医等问题，落实健康扶贫政策、推进健康促进活动、开展健康知识传播、提升居民健康素养水平为重点，加强了卫生与健康知识教育，普及健康科学和健康素养知识，引导群众树立健康理念、增强健康意识、转变生活方式、改变生活习惯。推进健康扶贫“三个一批”行动，落实“六减十覆盖”惠民政策，完善健康扶贫“双签约”制度。落实层级卫生对口帮扶措施，积极开展深度贫困地区健康扶贫。

三、宗教和谐引领下的青海省涉藏地区精神脱贫建设重点

（一）树立后扶贫时期扶贫理念

党的十九大报告指出："让贫困人口和贫困地区同全国一道进入全面小康社会是我们党的庄严承诺。"[①] 党的十八大以来，贫困人口的成功脱贫是我们党全面建成小康社会的底线任务和标志性指标，随着脱贫工作的进行，青海省着力实施了"五个一批""六个精准"等扶贫政策，经过各级领导班子和群众的共同努力，贫困发生率从 2012 年末的 10.2% 下降到 2018 年末的 1.7%。中国创造了人类减贫史上的奇迹。

随着脱贫工作的推进，实现脱贫的群体表现出一定阶段的迷茫性，新脱贫户生活基本保障存在不稳定性，还有脱贫工作中尚未完全实现脱贫的部分贫困户的复杂性，这表明脱贫进程进入"后扶贫时代"，这一阶段要求基层群众要紧跟党在新时期的新决策、新部署，继续努力奋斗。

脱贫攻坚工作的顺利开展与推进，提高了贫困地区人民的收入和生活水平，基础设施建设的投入改善了青海省贫困地区的交通条件和居住环境。2020 年脱贫攻坚结束并不意味着扶贫工作结束，下一阶段将进入后扶贫时期，重点要解决相对贫困问题。这代表着脱贫难度更大，实现脱贫所需的成本也更高。习近平总书记指出："从结构上看，现有贫困大都是自然条件差、经济基础弱、贫困程度深的地区和群众，是越来越难啃的硬骨头。在群体分布

① 习近平．决胜全面建成小康社会　夺取新时代中国特色社会主义伟大胜利［N］．人民日报，2017.10.28（001）。

上，主要是残疾人、孤寡老人、长期患病者等‘无业可扶、无力脱贫’的贫困人口以及部分教育文化水平低、缺乏技能的贫困群众。”[①] 在“后扶贫时期”要认清扶贫中存在的复杂性、不稳定性、迷茫性，精准发力，推进全面小康的建设目标更好实现。

1. 识别贫困户的复杂性，实现精准扶贫

扶贫工作进入后扶贫阶段，各级政府和群众要集中力量，注重贫困地区的实地考察工作，顺利解决剩余贫困地区和人口情况的复杂性问题。面对不同贫困户复杂的致贫原因，做到“对症下药”，找出贫困根源，并专注解决这一方面问题。对于缺乏劳动技能，就业存在现实困难的贫困人群来说，可以因地制宜地设计一些符合当地生产需要的专业技能培训，也可以与当地企业合作，实行专业技能定向培养；对于缺少家庭劳动力的贫困群体，则需要稳定政府“兜底”政策，提供类似贫困户诸如公益性岗位的就业机会，稳定脱贫成果；而对于有就业技能或投资方向，但缺乏资金的贫困家庭，在已有的如 530 贷款等融资支持和优惠政策基础上，要创新一系列融资帮扶措施，为贫困家庭的脱贫致富创造融资条件。

2. 掌握新脱贫群众的不稳定性，防止返贫

在扶贫工作实际进行的过程中，存在一部分刚刚实现脱贫的贫困人口，在偶然或突发特殊情况下，诸如疾病、婚丧事宜的筹办或者其他突发因素，可能出现又返回到脱贫之前的状态，这使得脱贫工作的进行存在返贫尾部掉队的可能性。基于脱贫攻坚的强有效社会支持，实现脱贫的贫困户或贫困地区，其经济基础依

① 习近平．在深度贫困地区脱贫攻坚座谈会上的讲话［N］．人民日报，2017.09.01（002）。

然相对薄弱，收入结构简单化，政策性转移收入占比较高，这都使得涉藏地区脱贫成果在一定程度上存在不稳定性。

脱贫攻坚后续工作，要在考虑这一不稳定性的情况下，让困难户增强造血功能，实现收入来源多样化、综合化，这也是后扶贫时期建立脱贫长效机制的关键着手点。后扶贫时期，贫困地区的基层组织结对帮扶的扶贫机制，让实现脱贫的家庭借助通过相互间的结对生产，丰富自己的收入来源，因地制宜实现地区发展。如贫困县借助地理优势创新旅游业的开发，利用自然资源优势发展特色种植、养殖等。

3. 树立脱贫群众新目标，实现可持续发展

部分贫困人口在顺利实现脱贫后，他们对接下来的发展往往存在很大的不确定性，会有一段时间的彷徨期，这就是所谓“迷茫性”。在有社会资助和政府引导时，贫困户的生产生活有一定的目的性，而在实现脱贫后，下一步小康目标如何实现，将是脱贫地区与群众面临的新课题。许多贫困群众对未来一段时间内的发展目标并不明确，表现出一定的迷茫与困惑，也很有可能出现返贫。

面对这一情况，脱贫攻坚工作过程中的每一级政府都应该秉持“脱贫不是终点，脱贫更要小康”的观念。避免出现摘帽就是完成任务的思想。中华民族伟大复兴的中国梦的实现，不是仅仅脱贫摘帽就合格的，各个节点的脱贫工作者要注意相关政策的有序衔接和完善，针对劳动力充足的贫困户，根据其表现出的发展意向，加强产业带动帮扶，使得其自身发展能力得到提升，激发他们的生产积极性和劳动内在动力。除此之外，还要注意要培育当地可持续发展的特色产业，帮助其实现就近就业。

（二）重视并加强涉藏地区基础教育

民族地区往往比其他地区更容易陷入贫困的总根源，总结来看是知识水平较低、对基础教育的重视程度不够。教育方面贫穷，不论是对家庭这一社会基本单位而言，还是从一个社会、一个民族的宏观角度来看，都是最根本、最难以忽视的弱点。毫无疑问，教育扶贫的任务刻不容缓，这一扶贫举措是民族地区贫困区域实现脱贫摘帽的关键。着力于推进人的全面发展，这是教育精准扶贫的根本目的。加强基础教育的开展，大力推动教育脱贫，为在民族地区保障脱贫成果提供清晰确切的思路。

在科教强国政策引导下，我国对基础教育发展给予了高度重视，国家在政策上重视并加强涉藏地区基础教育。由于区域因素和历史因素的影响，目前涉藏地区教育资源分布不平衡现象依然存在，教育精准扶贫的本质就是在一定程度上促使和实现教育公平，民族地区通过均衡教育资源、加强基础教育进行反贫困，这一措施与民族地区的整体脱贫是相辅相成的。

1.普及义务教育，强化教育的社会责任

藏族地区贫困区域留守儿童问题，影响着地区基础教育的普及和脱贫工作顺利推进。大部分留守儿童在家庭教育、学校教育方面仍有欠缺。国家政策性文件《关于加强农村留守儿童关爱保护工作的意见》中，明确对地方政府提出要求，“对失学、无户籍等农村留守儿童实施重点帮扶，将民族地区农村留守儿童纳入有效监护范围，杜绝农村留守儿童无人监护现象，有效遏制监护人侵害农村留守儿童权益行为，切实兜住农村留守儿童人身安全底线”[①]。

对于留守儿童，要在保护其身心健康的基础上，加强对适龄儿童的基础义务教育，国家义务教育采取了“以县为主”的治理模式，在这一管理体制下，乡镇级政府成为留守儿童义务教育和精准教育扶贫的责任主体。在责任主体的主导下，应该对师资队伍的建设给予高度重视，提高义务教育的水平，在涉藏地区建立完备的教育监护体系，主要以寄宿制学校为中心，并且改善教育环境，落实法律教育的责任，积极开展“家校一体”“结对帮扶”的社区教育活动。

2. 优化涉藏地区教育资源配置

中国特色社会主义发展进入新时代，社会主要矛盾也在发生着改变，现阶段矛盾为“人民日益增长的美好生活需要和不平衡不充分的发展之间的矛盾”，伴随这一社会主要矛盾同时发生改变的是涉藏地区教育的发展矛盾，其不再是在教育方面的财政投资不足，而是变为教育资源在涉藏地区不均衡、不合理的配置。矛盾的转变对涉藏地区的基础教育和义务教育的普及提出了更高的要求。在优化涉藏地区基础教育资源的配置方面，全面深化教育制度的改革这一举措要一以贯之，增加优质教育资源的覆盖面，引导教育资源在各个地区合理流动，从而使涉藏地区基础教育资源的配置结构更加优化，以解决涉藏地区资源配置的不平衡问题。

在后扶贫时期，涉藏地区与贫困群众直接接触的基层政府，其面临的最核心的工作任务，就是在教育精准扶贫的理念下，研究制定和实施促进涉藏地区基础教育资源合理分配和均衡发展的

---

① 国务院关于加强农村留守儿童关爱保护工作的意见［J］. 宁夏回族自治区人民政府公报，2016（08）:6-9。

具体政策措施，着力解决教育资源配置的不平衡问题。目前涉藏地区教育扶贫的核心价值追求是教育方面的公平正义，之前的工作重点较多偏向于对“教育起点”公平性的追求，进入后扶贫时期，重心开始向“教育过程”的公平性合理转移。中共中央提出教育扶贫的方式必须由“粗放式”转向“精准式”，加强建档立卡户适龄儿童的基础教育。

全国 14 个集中特困区主要分布在我国西北部农村地区和边疆民族地区，需要指出的是，涉藏地区基础教育其存在的较为突出的问题已经发生了转变，教育普及方面的“硬件保障问题”转变为更为棘手的教育水平“低循环”的问题。我国要构建自由、平等、公正、法治的社会，其中社会公平的起点和基础就是教育公平，对涉藏地区孩子来说，教育公平就是入学机会的平等，使每一个学生都享有平等受教育的机会，在基础教育普及的同时，挖掘并发挥各自的潜力，平等接受高等教育，并且让其在未来享有平等发展的机会。

需要注意的是，教育公平并不是绝对的平均主义，在对民族地区的教育状况进行衡量和评估的同时，要充分考虑涉藏地区教育区域性特点，因地制宜地针对性采取教育扶贫措施。面对涉藏地区贫困弱势群体，根据弱势群体的不同特征，考虑贫困等级和致贫原因，制定不同的政策使其获得享受基础教育的优惠政策，将更多更好的优质教育资源配置到集中连片贫困区域，使越来越多的贫困家庭能同等享受更好的受教育机会和平等发展的空间。合理配置教育资源，实施促进基础教育公平的政策，才能更好地促进涉藏地区社会经济更快更好的发展，在巩固好脱贫成果的同时解决好下一步相对贫困的问题。

（三）拓展宗教和谐引领下的涉藏地区乡村文化事业

国家宗教事务局指出，涉藏地区最基本的群众工作就是民族团结和宗教和谐，任何一种宗教都拥有一定的群众基础，且经常能达成统一的价值观点，在大多数的青海涉藏地区，宗教活动会对社会产生不可忽视的影响。构建和谐社会是社会主义核心价值观的基本要求，宗教和谐是社会和谐的重要组成部分，同时积极引导宗教发展和社会主义事业相适应。扶贫济困，是社会主义核心价值观的要求，是中华民族的传统美德，也是各大宗教推崇的理念所在，宗教内信教群众积极参与精准扶贫的社会主义事业，体现了宗教的博爱情怀和爱国主义思想，为促进涉藏地区精准脱贫工作的顺利完成发挥了积极作用。

藏族文化是涉藏地区文化的核心和主体，藏传佛教是藏族文化的焦点，涉藏地区教徒有虔诚的宗教信仰，宗教在藏族文化生活中占据着重要的地位。乡村文化是村落得以存在和延续地内在核心价值，任何一个村落都存在其约定俗成的秩序和文化体系，且其影响因素通常来自不同方面。涉藏地区乡村文化体系的形成，以及在不同时期的维系，不可避免地受到政治治理的影响，这种影响是一种自上而下的、以基层政府为主导的政治因素。除此之外，涉藏地区乡村文化直接与当地特有的区域社会文化紧密联系，在其形成过程中始终与本地区村落特色相互交融、借鉴。如青海省民宗委 2020 年推荐国家民委“民族乡振兴试点村——祁连县扎麻什乡郭米村”，全村居民院墙均以藏八宝图[①]进行装饰，在美

---

① 藏八宝是藏传佛教中八瑞相的俗称，是藏传佛教符号中最著名的一组。其传统的排列顺序是：(1) 宝伞，(2) 金鱼，(3) 宝瓶，(4) 妙莲，(5) 右旋白螺，(6) 吉祥结，(7) 胜利幢，(8) 金轮。

化居住环境的同时也取吉祥之意。类似这样的乡村文化展示不仅富有鲜明的地域民族特色，也成为了当地发展乡村旅游的亮点。

上述分析说明，宗教和谐对涉藏地区乡村社会和谐安定、文化融合发展有重要影响作用，在脱贫攻坚工作的后扶贫时期，要充分思考总结在乡村治理的背景下，把握宗教和谐的正向引导作用，使之成为乡村文化构建的内生作用力，为脱贫攻坚转向后扶贫时期服务。涉藏地区脱贫攻坚工作小组应充分考虑将国家政策、宗教和谐嵌入乡村发展，并深入进行宗教和谐引领与乡村文化互动构建的新型乡村秩序讨论，为在后扶贫时期基层工作者的治理路径提供可行路线。

1. 宗教和谐引领下的乡村文化传承

个人参与宗教组织的各种活动，这是体现宗教礼仪和内心信仰的实践，宗教的各种礼仪渗透在宗教文化的各个演化阶段，宗教文化在个人表达内心信仰的活动中得以强化和继承。在涉藏地区多数人民群众的心中，宗教文化已然成为其民族文化中相融合且不可分割的重要部分。宗教和谐使得各种宗教文化相互影响，融合发展，在文化传承发展的过程中，参与其中的年轻群体耳濡目染接受宗教的洗礼，在不断接受这种宗教洗礼的过程中，青少年逐渐形成了自己的信仰，开始产生价值认同和文化认同。

在脱贫攻坚的过程中，对于乡村文化的发展应给予充分重视。现在宗教活动的受众，有部分是青少年群体，在某种程度上，这就是宗教文化的一种必要传承。习近平总书记在党的十九大报告中提出“要树立文化自信”，在后扶贫时期也必须注重涉藏地区文化自信。传承和发展涉藏地区乡村文化，可以根据贫困区的地域条件，发展适宜的文化旅游产业。在现有的消费偏好特征影响下，具有鲜明民族风格以及带有地域风情的产品深深吸引着消费者的眼球，受到很多民族文化爱好者的青睐，基于这些消费者群体，涉藏地区脱贫领导小组可以引导乡村进行相关文化产业发展，比如民族象征的刺绣、宗教文化和异域风情的陶瓷器等。同时，这种商品的流通本质上也是宗教文化和涉藏地区民族文化的一种弘扬和发展。同时，民族特色的文化产业发展也将有利于优化脱贫群众收入结构，并有效保障脱贫攻坚成效。

脱贫攻坚期间青海省乡村农牧民对社会主义价值观载体、乡土情节、宗族观念、民族文化等的认同度显著提高，对乡村文化的保护传承意识日渐增强。植根于乡村文化内涵的文化产业化发展亦取得初步进展。2016 年青海省文化及相关产业实现增加值 63.77 亿元，比上年增长 16.5%，占青海省地区生产总值的 2.48%，比上年提高 0.21%。截至 2018 年底，青海省文化企业达 6090 家[①]。青海省各地在文化资源挖掘中初步建成了具有一定规模的特色文化产业集聚区若干。

2. 宗教和谐引领下的乡村文化生活

乡村的文化生活，从政治学的角度来看，指的是以农民为主体，在特定的农村生产方式的基础上，建立在农村社区基础上的文化，主要包括在乡村内与生产生活方式相适应的为人们所公认的思想观念、道德伦理、宗教信仰、教育知识等多方面的复杂体，是生活方式和价值观念的反应。在浓厚的文化氛围下，涉藏地区人民积极开展和参与各色各样的宗教活动，从年初开始就有大型的祭拜山神活动，秋收后组织诵经活动以感恩馈赠，年末敬请

① 2018-04-25 08:39 青海日报作者：李欣。

活佛进行布经讲道，宗教文化生活始终贯穿在涉藏地区人民的生活中。

对于涉藏地区群众而言，宗教文化生活从来不是单纯的信徒活动，在宗教和谐的引领下，与乡村文化联系在一起，是整个涉藏地区乡村群众都积极参与的大型活动。通过参与乡村文化活动，相应地融合不同宗教的习俗，使得这种公共活动具有很强的宗教调适功能，伴随活动过程也使群众增强不同宗教文化的认同感，进一步促进不同宗教的和谐发展。涉藏地区这种带有很强宗教色彩的乡村文化，其宣扬的教义教规中所含的道德伦理和社会公德，为乡村文化生活提供了内在动力和价值体系，宗教生活本身所具有的社会性，也极大丰富了乡村文化事业的发展。

（四）继续提升涉藏地区医疗卫生水平

“十三五”期间，我国医疗卫生条件得到了极大的改善，全国1000多家城市三级医院对口帮扶贫困县医院，基层医疗服务能力快速提升，县域内就诊率由2015年的78%上升到2019年的88%。这为打赢脱贫攻坚战医疗卫生水平提升发挥着重要作用。

青海省把完善民族医药服务体系建设作为基础性工程，持续加大投入，截至2018年，青海省共有公立藏（蒙）医院28所，同时以省藏医院和州级藏（蒙）医医院为龙头，分别建立了省、州级藏医医联体，建设县域内紧密型医共体。目前，青海省已建成和在建的中藏医馆437个，实现了乡镇卫生院和社区卫生服务中心全覆盖，高于全国平均水平，脱贫攻坚期各地乡村也普及了村级标准卫生室。

2019年，青海省坚持以习近平新时代中国特色社会主义思想为指导，牢牢把握稳中求进的工作总基调，坚定践行新发展理念，深入落实“四个扎扎实实”重大要求，奋力推进“一优两高”战略，即坚持生态保护优先，推动高质量发展，创造高品质生活，该战略的提出是青海发挥自身优势，将发展的差距势能转换成发展动力的制度安排，是青海积极融入国家发展战略，紧抓机遇的主动发展。其中“高品质生活”要求便利的医疗条件，更高的医疗卫生服务水平，要全面提升乡镇卫生院服务能力和水平，综合考虑城镇化、地理位置、人口聚集程度等因素，继续提升涉藏地区医疗卫生水平。

1. 增加扶贫支出，发挥政府财政的主导支持作用

医疗资源的配置过程，要像考虑基础教育资源一样，注重医疗资源的公平和合理分配，根据权责相等的原则，明确各级政府和机构在保障基本医疗水平中的权利与责任，确立公开透明的财政支出责任，保证涉藏地区医疗服务资源分配中的高效率和公平。对于医疗卫生水平不平衡、不充分的发展，中央政府已采取强有力的引导和调控作用，尤其在脱贫期间，要求各地提供一定的财政支持，在建设涉藏地区医疗卫生机构中承担主体责任，从而进一步保证社会公平和地区间差距缩小。

涉藏地区建设更高水平的医疗卫生项目，其主要资金应由政府财政拨款供给，对于贫困地区来说，可以根据实际情况和贫困程度，适当增加扶贫资金的供给。青海省卫生部门对于涉藏地区的基础医疗设施建设给予高度重视，集中力量改善涉藏地区群众的医疗卫生条件，积极培养卫生人力，但一些边远牧区农村条件恶劣，在不适宜居住的地区建设医疗卫生服务，消耗大、成本高，考虑这种情况，可以通过扶贫易地搬迁，统一建立规范的基础医疗设施，使边远村区的群众能够享受到便利的医疗卫生服务。

2. 加大对口支援，发挥城市医疗资源的带动效应

对于涉藏地区贫困群众来说，看病难问题是医疗就诊方面的重要问题，医护人员以及重要医疗器械的缺乏，使得涉藏地区医疗卫生技术薄弱。对于这一方面，政府可以组建边远农牧区进行对口支援的卫生医疗队伍，这支队伍可以相应的承担涉藏地区常见疾病、疑难病症和部分多发疾病的诊断和治疗服务，缓解涉藏地区医院的病症压力，为涉藏地区群众提供便捷且更为高质量的医疗卫生服务。除了直接对病人进行救治，对口支援的医护队伍，可以对涉藏地区医院的医护人员开展特定的临床教学，交给医护人员一些新型医疗器械的使用方法，同时可以适当的指导涉藏地区医护人员和医护人才培养中心开展新的医疗技术应用。通过这种联系紧密的对口支援，不但直接提高了病人就诊时的医疗卫生服务质量，更是提高了涉藏地区医护人员的业务能力和职业素养。除此之外，在管理体制方面，这种目的明确、权责分明的对口支援，能节省医疗机构调配不同地区医疗资源的时间和资金消耗。采取“请进来、送出去”的方式，开展专业技术和管理人才培训、进修，发展“互联网 + 医疗”，通过远程信息平台实现医疗技术支持和跨区域间的远程医疗、远程教学合作，有效促进优质医疗资源共享和医疗服务均等化，为基层打造一支“带不走”的医疗队。

3. 倡导科学就医，普及基础医疗卫生知识

从客观角度来说，涉藏地区群众的基础医疗知识薄弱，在一定程度上缺乏科学就医的理念，因此，涉藏地区医疗卫生水平的提升，要求对居民充分开展普及健康知识的活动。

对于基础医疗知识的普及，首先，要重视对卫生宣传队伍中医务人员的培训，从事宣传的小组成员本身要有对健康教育知识

的根本认识，保证医疗卫生知识在传播过程中的正确性和客观性，避免错误的知识传播；另外，宣传人员要掌握一定的健康教育的方法，保证涉藏地区群众对所传授医疗卫生知识的理解，同时还要对宣传工作的具体实施方案有深刻的掌握，避免工作过程中的错误；其次，要保证涉藏地区群众在健康教育宣讲中的参与度，基层政府部门可以与宣讲部门合作，制作带有图像讲解的手册，要求涉藏地区群众结合宣传人员的讲解更深刻地掌握医疗卫生知识，特别是妇幼群体，通过对科学就医理念的贯彻，以及对基础医疗卫生知识的了解，以期有效降低孕产妇死亡率和婴幼儿的死亡率。

这种对基础医疗知识的普及，发挥了知识扫盲的作用，可以在相当程度上弥补涉藏地区群众在健康知识方面的不足，在这一过程中，也拉进了医护人员与人民的距离，增强了科学就医的意识，对于提高基本医疗服务的可及性有重要意义。

（五）抓好涉藏地区贫困人口的技能培训工作

扶贫问题与社会发展进程中存在许多不相适应的地方，所以要在扶贫对象的本质上找答案，要加强涉藏地区人民的培养和培训力度，把缺漏的新理论知识抓起来，加大培训内容的创新力度，逐步建立和完善涉藏地区人民教育培训体系。实现涉藏地区人民懂脱贫、会脱贫，就必须要运用理论知识武装和用实际行动践行，才能有效解决。“授人以鱼，不如授人以渔”，技能扶贫对贫困人口来说是一条走上脱贫致富道路的有效途径。针对扶贫开发的方式，其重大创新在于精准扶贫。在青海涉藏地区精神脱贫建设工作中，只有转变扶贫的方式，实现由“输血式”扶贫到“造血式”扶贫的转变，增强脱贫技能，让贫困群众掌握一技之长，才能在圆满完成脱贫攻坚艰巨的任务的同时，有效巩固并提升脱贫成果。

1. 创新机制，加强技能培训政策指引

脱贫攻坚期间，各级部门成立了技能扶贫专项小组，并且制定了具体的工作方案与措施，为技能扶贫工作的开展提供了政策指引与支持。青海涉藏地区在前一阶段技能扶贫管理经验总结基础上，还需结合政策导向，进行一定的创新实践，结合地区具体情况，进行相应的变动、补充及完善。全面掌握贫困劳动人口的跨省转移就业以及技能培训情况，提高职业性培训的针对性和实效性，提升就业率，对青海省有培训需求和有工作意愿的贫困劳动人口实行技能培训全覆盖。

同时，要将贫困地区未就业劳动力技能提升、“雨露计划”、贫困家庭“两后生”职业学历、贫困村致富带头人等多部门培训统筹纳入政府培训计划，完善资金和项目管理、工种目录等制度，在加快消除无技能转移就业方面形成合力。大力推行政府购买城乡劳动力技能培训政策，规范项目招标流程，明确补贴标准、承接主体、评价方式，择优确定优质职业培训机构为贫困劳动力开发专属化培训项目，提高技能扶贫针对性、实效性。

关于如何在涉藏地区开展技能培训，需要整合多部门的培训资源，例如就业、农牧、商务等，通过协同组织、一起办学、分级教育等方式，提高培训效果。还要创新培训方式，针对不同片区建立独立的培训体系，还可依托省内就业扶贫和结对帮扶机制，建立跨区域的“培训联盟”，使技能培训的综合优势发挥到最大化。同时，对于一部分不会讲汉语甚至听不懂汉语的涉藏地区群众，进行“技能 + 语言”的引导性培训，为他们外出务工及就业提供更多的机会。同时，强化培训监管工作，建立长效的监督管理机制，切实提高培训资金的使用效果。

2. 精准培训，培育贫困人口自我发展能力

精准培训可以增加就业收入。坚持就业导向以及精准培训，根据地区实际的经济社会发展状况，结合青海涉藏地区贫困劳动力的自身特点，制定培训的专业工种，选定培训机构，因地、因人、因需开展技能培训，促进培训项目与市场需求对接、培训内容和岗位要求对接，强化培训精准有效性。

地方就业部门通过了解贫困人口实际情况，结合个人意愿，针对性的对劳动者进行技能培训，使其掌握更加专业性的技能，进一步增加收益，从而摆脱贫困。

（六）加强精神扶贫宣传培树脱贫典型

脱贫攻坚期内，青海省积极响应国家号召，采取易地搬迁、教育（医疗、就业基础）扶贫、生态扶贫等措施，加快脱贫攻坚战的步伐。脱贫不仅仅是在物质层面摆脱贫困，也是文化、精神层面的扶贫。基层干部是一支关键少数、发挥主要力量和骨干作用的队伍，更是扶贫工作中离贫困人口最近的人，他们了解贫困群众内心的真实想法，为涉藏地区贫困人口输送国家政策，让涉藏地区贫困人口看到生活生存新的希望，认识脱贫这一战略，真正的参与到扶贫、脱贫工作中，使贫困群众明白脱贫之后对于个人、涉藏地区、青海甚至国家的意义。在脱贫过程中，需要去发现“领头羊”，通过“先富带动后富”的方式，树立典型榜样，激励涉藏地区贫困人口的内生动力向外转化，实现“脱贫致富”。

1. 坚守精神扶贫主阵地

新时代，要不断革新传统模式，创新精神扶贫宣传方式和渠道。通过对贫困人口基本信息的掌握，进行资源整合，构建“人

人互助”的精神扶贫模式。增加对涉藏地区贫困区域的资金投入，建立适宜地区的发展产业，在产业建设中对贫困人口进行扶贫，同时激发贫困者的脱贫意识，增加脱贫者的生活信心；分析涉藏地区贫困原因，统筹涉藏地区文化，启动现代化获取扶贫、脱贫信息APP，阶段性、有针对性的考核涉藏地区贫困人口对于扶贫和脱贫的理解与行动；依托涉藏地区学校、公共场所、办公场所等定期开设扶贫课堂，对帮扶人员和基层干部进行全方位的培训，保证扶贫政策有效、有力、真实的传达并落实；在涉藏地区贫困区域建立文化广场、举办扶贫相关活动，丰富群众精神生活，提高群众致富能力，转变发展思维和生存方式，在潜移默化中让每一位脱贫者参与到工作中。

2. 树立脱贫典型主力军

脱贫后的成果巩固是一项艰巨的事业，需要涉藏地区贫困人口全员参与。脱贫巩固过程要在所处环境中寻找改革点，创造有利于人民群众发展、产业转型的有利条件，首先要完善基础设施的建设（卫生、医疗、教育、养老服务等），激发全员精神扶贫的动力。其次要以国家政策扶持为抓手，以改革创新为切入点，鼓励大学生返乡、外来人员开发、当地人才引进，对涉藏地区的产业结构进行调整、对当地资源按照价值、市场所需进行整合，促进涉藏地区贫困地区的经济发展，带动产业化发展，解决劳动力就业问题，从而激发贫困人口自救，减轻脱贫工作负担。最后，相关政府部门可以通过对“先富者”典型脱贫者在脱贫工作中的能力进行综合评价建立考核机制，如确实对扶贫、脱贫工作起到了一定的影响、模范作用，为其设立、颁发“精神文明扶持、脱贫先创者”等奖，以兹鼓励，为涉藏地区贫困人民树立榜样，发挥带头作用。

（七）完善后扶贫时期扶贫机制优化扶贫环境

中国处在新发展时期阶段，为解决人民日益增长的美好生活需要和不平衡不充分的发展之间的矛盾，要从根本上发现民族地区与深度贫困高度耦合所存在的问题，补齐发展中的短板。通过因地制宜、精准扶贫、精准脱贫，建立长期有效的“精神扶贫、智力扶贫、资源扶贫及物质扶贫”机制，完善合理深层次“环境脱贫、地方脱贫、自我脱贫及产业脱贫”方法，坚决打赢脱贫攻坚战。

1.“后扶贫时期”精准生态扶贫实现机制

近年来，我国脱贫工作取得重大成效，但在信息闭塞、生态脆弱、偏远的民族地区还存在一定数量的贫困人口，实现脱贫工作面临困难，这就要求我们因地制宜、转变发展方式在“贫瘠中”寻找“富有”。青海省特殊的地理位置使得青海省自然资源丰富，集雪山、草地、森林、湖泊、荒漠、戈壁等多种景观类型于一身，依托现有生态资源，走可持续绿色发展之路，借助网络平台，将赋有青海生态优势特色的品牌效应广而告之，扩大青海省生态综合影响力；延长生态农产品的附加值和产业链，加大生态农产品的开发和扶持力度，增加生态农产品的品牌效应；国家财政相应增加贫困地区的补贴，鼓励和引导外来人员对贫困地区的扶持力度，发挥绿色金融保障作用；通过深入基层、亲临涉藏地区，倾听百姓心声，总结贫困原因，制定系统性的扶贫指标，建立生态扶贫政策反馈和评估机制，形成“生态促产业”的生态扶贫发展模式，实现生态效益与经济效益相结合。

2.“后扶贫时期”人民励志脱贫实现机制

后扶贫时代的重点转移到注重激发贫困地区的内生动力，需要人民自身注入新的发展活力，应从所处环境、相关政策和产业结构调整三个维度思考。党的十九大提出“扶贫先扶智”，探索发展模式，建立激励机制，引导号召更多群众积极主动从“扶我脱贫”到“自我脱贫”。结合青海省涉藏地区特有资源，保护生态资源并开发草场，通过规模化高效益的发展，凭借资源优势，形成“草场＋家庭牧场”等农牧业产业化发展模式，走上脱贫致富之路；提高涉藏地区贫困户适应社会的发展能力，培养产业洞察力，加强贫困人民精准教育体系，创新新型职业农民的技术培训，建立人民自救扶贫保护机制；发展“龙头企业”和“精品特色农牧业”，调整产业发展方向，注重第一产业向第三产业的转变，了解市场所需、消费者所好；抓住机遇，深度分析产业特色，重塑产业发展内容、方向，此过程中政府主抓宏观调控，涉藏地区人民主导发展，促进以改善生活条件、生活质量为重点，提高涉藏地区人民的经济收入，使人民获得脱贫致富的幸福感、归属感和成就感，且有动力投入自救扶贫当中。

四、宗教和谐引领下青海省涉藏地区精神脱贫的机制重建

（一）宗教和谐引领的文化支持机制构建

文化本身所具有的包容性使得青海涉藏地区在宗教信仰引领下精神脱贫工作得到稳定的发展，不完善的文化机制将对精神脱贫产生深远影响。因此，文化支持机制构建应着重从以下三方面展开。

1. 扶贫先扶志，激发精神脱贫的内生动力

习近平总书记2013年在湖南省考察精准扶贫工作时强调:“脱贫致富贵在立志，只要有志气、有信心，就没有迈不过去的坎。”这句话放在现在仍不过时，这也对青海省文化支持机制的构建提供了新思路。当前精神脱贫的疑难问题之一是国家政策与当地群众思想文化的融合接纳衔接，要使国家层面面向青海省的相关扶贫政策和资源效用最大化，就要改变贫困群众“听天由命”等传统的人生观、价值观。幸福生活不是等出来的，而是依靠人民的辛勤付出奋斗出来的。打破“等靠要”的思想状态，明确对美好生活日益向往的理想目标，保持坚定的脱贫精神为贫困群众搭上改革发展的快车提供强劲动力。在提升个人素养和培养坚定信念的同时，实现“要我发展”和“我要发展”的转变，在努力与拼搏中跨过精神贫困这一道“坎”。

2. 扶贫要扶智，塑造精神脱贫的发展之智

要从文化、技能和教育这三个方面给予青海省涉藏地区贫困群众帮助，以改变贫困地区基础设施落后、缺乏知识人才储备以及歪曲的“读书无用论”教育观的负面影响,提升人民的精神境界，培养群众在宗教信仰背景下摆脱精神贫困的自主性和创造性。提高群众的受教育程度，从多个方面为涉藏地区群众提供专项技能培训，丰富当地居民的业余生活，使得文化精神渗入人民生活的各个层次，彻底扭转传统涉藏地区“羊钱妻娃”的落后观念和个人家庭发展的落后化。只有提升贫困群众的精神层次和文化素养，提高接受新事物的能力，形成正确的贫富观、幸福观，才能提高生产能力并激发出发展潜能，拥有脱贫致富的发展之智。

3. 扶贫端正态度，发挥党员等基层干部的带头作用

青海涉藏地区要想改变群众态度、充分发挥文化支撑的积极作用，需要当地党员、基层扶贫干部勇于承担帮助人们改变长期形成的精神环境和生活习惯。避免出现需要起带头作用的干部，因传统观念的束缚而对改善群众思想观念产生畏难情绪进而投机取巧对相关政策采取走过场的“形式主义”。党员等基层干部需要密切关注贫困群众的思想面貌和精神状况，落实扶贫资金的流向和监管政策机制的实施，打开贫困群众的心结，调动其积极性，形成高水平、高层次、争先脱贫致富的文化支持机制。

文化支持机制的构建，不仅包括人们思想意识和行为方式的转变，也包括各类资源要素高效利用。文化在上述转化过程中充当了桥梁和纽带的作用，要想实现精神脱贫，就必须解放落后思想的“阻滞作用”，化解传统的宗教信仰与当代文明产生的冲突。以长远的发展眼光探寻最优的发展路径，提升人民科学文化素质和思想道德素质，坚定脱贫信心、提升文化素养、汇聚模范力量，打赢精神脱贫这一攻坚战。

（二）精神脱贫社会支持帮扶机制构建

立足青海涉藏地区扶贫助困现状，由于受到文化水平、宗教信仰、精神意志、生活行为等影响，物质脱贫反过来也对精神脱贫产生制约影响。应以应急帮扶网络建设为基础，逐步延伸至减贫帮扶、重构社会帮扶体系的目标。一方面，为解决居民突发性、临时性生活困难，深入完善青海省各级各层临时救助制度，对违背社会道德、打破心理底线事件的发生制定多项预案。另一方面，对物质资源困乏、亟需精神脱贫的地区给予社会支持和帮助。

1. 构建全员参与的社会支持帮扶机制

要构建全员参与、问题迅速反馈的社会支持帮扶机制，充分利用当今万物互联这一外部优势，对涉藏地区群众开展社会性的宣传，建立当地群众能广泛参与、切实有效解决实际困难的通道与网络。对各州涉藏地区偏远的局部地方，当地通信和网络不发达，群众对社会支持的了解不够多，甚至不知道遇到"救急难"这样的问题可以寻找社会救助，如拨打"12349"这样的救助热线。这就需要基层干部及时发现问题且对涉藏地区群众开展普及社会救助的知识。

2. 建立起灵活有效的多层次社会帮扶融资机制

精神脱贫与物质脱贫互为支撑，摆脱精神贫困，需要以劳致富的大局观，各级帮扶部门需要发挥引领作用，为贫困户干事创业提供融资协助。除了无偿单向给付的救助方式外，还有多元化的双向借贷融资机制，需要偿付本金或者一定利息的要求可以筛选出真正需要救助的人群，而避免只愿享受政策优惠不愿响应政策或者对社会救助产生极度依赖的人群出现。按是否需要偿付利息以及偿付的利息水平，可以分为无息借贷融资、商业性借贷融资和由政府主导的政策性金融机构、非营利组织（NPO）或者社会企业提供的非营利性借贷。社会企业既具有商业企业的市场盈利能力，又坚持非营利组织社会利益至上的宗旨，以创造社会价值为第一目标，采用经济手段解决社会问题，在解决长期贫困方面做出卓越成效。因此，社会企业兼备产业化扶贫和非营利组织扶贫的优势，克服两者存在的弊端，能够更好地精准匹配现存农村弱势贫困人口和弱质专业合作经济组织，避免对捐赠资金存在过度依赖。通过创建社会融资机制结合涉藏地区群众的具体情况，选择最适合的融资方式，不因资金缺乏而错失解决问题的黄金窗口期。

3. 建立相应工作保障机制

要建立相应的工作保障机制确保社会帮扶机制能够全面建立并有效运行。例如借贷融资帮扶这样新型的社会扶持思路，需要得到决策层和行动层的支持与认可。学术界通过深入研究确定其有效性和重要性并与政府扶贫部门合作，给出具体实施方案。首先，强化投入保障，设立精神脱贫专项资金。好的政策离不开宣传与具体行动，各项机制的建立都要遵循从群众中来到群众中去的原则，让脱贫致富的涉藏地区民众发挥带头示范效应，使得社会帮扶机制在涉藏地区能够顺利推行；此外，提供组织保障，社会帮扶机制的建立与运行涉及政府多部门和社会多层面。因而，成立相应的组织领导机构，将各项工作切实分配给有竞争优势的部门，并加强事中与事后监管；最后，强化制度保障，发挥民政部主管社会组织的综合优势，加快社会企业相关政策法规建设，建立依法整治的反向约束。加强基层工作的管理，规避相关利益者的道德风险，建立信息共享的社会征信体系，以便确定适用的帮扶方式与偿付水平。

（三）宗教和谐引领下青海省涉藏地区精神脱贫考核机制的构建

脱贫攻坚结束后的成果巩固期，不仅要攻克物质脱贫，也要实现精神脱贫。在精准扶贫前期，主要以物质贫困为突破点，青海省政府通过为贫困户提供救济保障的德政民生工程，改善涉藏地区居民的生活条件和质量，取得了一定成效。但是一些贫困户“等要靠”“干部做，群众看，就是与我无关”等精神贫困现象均有呈现，若此类现象得不到遏止，就可能会出现扶贫效果不明显甚至返贫的现象出现。

1. 精神贫困的现实表现

青海省涉藏地区人民生活的客观环境直接影响着其思维方式、精神需求，先前涉藏地区经济发展水平落后，交通、电力等基础设施不完善，社会事业基础薄弱，且人才匮乏、教育和卫生资源缺乏，物质生活和精神世界同处落后的亚平衡状态。在基本物质生活得到一定保障后，开展精神脱贫，构建精神脱贫考核机制就显得尤为重要。精神贫困主要指人的主观意识匮乏，主要表现在心理状态消极，脱贫意愿不强，存在得过且过、听天由命的侥幸心理；没有完善的价值观，思想观念落后，承袭“等要靠”等陈规陋习；精神文化水平低下，缺乏职业技能和专业科学知识；行为方式传统，不能满足当代社会发展的需求。呈现出历史性、动态性和代际传递的特点。

2. 精神脱贫考核机制构建

考核机制的构建应围绕青海省涉藏地区精神脱贫的具体要求与现实体现，以客观公正的规范考核方式充分发挥社会公众的监督作用，以脱贫结果为导向，坚持正向激励与责任追究相结合，促进脱贫工作顺利开展。评估指标体系的选取要遵循科学性与客观性也要考虑可得性与可操作性。

首先，要精准识别，针对精神脱贫建档立卡。创建完善的信息系统，并及时更新信息。以脱贫成果巩固信息数据为指标，以建档资料为考核依据，根据资料完整度、真实度进行评分。对精神脱贫确有困难的对象建档立卡，针对性帮扶管理。

其次，要精准帮扶，跟踪管理。对青海涉藏地区人口经过调研后分类识别开展帮扶，积极开展政策宣传，通过入户、宣传栏等方式进行扶贫科普，确保群众知晓各项政策。以各项帮扶措施，对帮扶责任人的工作满意度为主要指标。根据帮扶工作的完整度和真实度以及通过随机抽样开展实地调查和满意度测评，据反馈情况折算得分。

此外，探寻精神扶贫专项资金使用情况。以专项扶贫资金的投入、使用、监管和成效为评判依据，严格把控资金流向，确保数据信息精准，合理对资金进行管理。重点关注扶贫资金、小额信贷的动态监测，完善业务台账和消费扶贫清单。

最后，考核方式有平时考核和集中考核，两种考核方式综合应用可以有效避免“形式主义”，集中两种情况，根据精神扶贫的基本情况，对所做出的成绩与存在的问题进行综合分析，并及时进行沟通反馈，有所奖惩、边查边改。建立长效机制举措，为精神扶贫工作顺利开展，取得正向成效提供有力支撑。

（四）宗教和谐引领下青海省涉藏地区精神脱贫社会综合效益评价机制

青海省涉藏地区具有自然环境复杂性、生态系统脆弱性、经济发展边缘性的地理特性，青海涉藏地区大多地域属于禁止开发或者限制开发区域。因此，在对青海涉藏地区扶贫效益进行评估时，除经济效益外，生态效益、社会稳定、民族团结等精神脱贫社会效益在评估时也应给予较大的比重。

1. 精神脱贫的社会综合效益评价机制及发展模式

社会综合效益的评价可以从以下几个维度出发：一是社会结构和基本面貌的优化。以扶贫龙头企业等为代表的产业带动就业的扶贫政策的实施，改变单一的就业模式，促进产业优化升级，对利用扶贫企业创造再就业岗位数予以衡量；精神脱贫是否促使生活方式积极化，追求更高品质的生活，闲暇方式的多样化、闲暇替代工作的效用是否不断增大；二是社会公平问题。女性的社会地位及家庭地位有无提高、女性在求职时是否会遇到歧视；三是政府所提供公共产品与服务。基础设施建设与公共服务，贫困地区主干道路硬化的户比重、贫困地区垃圾处理集中度；义务教育和基本医疗保障，义务教育“两免一补”政策的落实、农村贫困人口参加新农合有无困难情况。住房安全保障，核实建档立卡贫困户农村危房改造对象数、确认补助标准；四是从人口发展程度反映脱贫的社会效益，如以劳动力平均受教育年限为表现的教育普及。人口出生率与死亡率以及预期寿命反映脱贫政策下健康水平的提升。最后是人口结构，65 岁及以上老年人口占劳动力比重。

由其他地区的扶贫工作经验可知，贫困不仅是经济问题，更是社会问题。以政府部门为主导，以市场机制为协同推进的扶贫机制既可实现社会效益及公平性，又可以达到经济效益，提高生产效率。需要客观看待的是，政府和市场都可能会存在失灵问题。政府人员可能存在急于推动脱贫项目的立项，而缺乏后期的管理与监督，且现存的非针对性的扶贫工作，难以铺就长效脱贫之路。而经济增长也不一定能为涉藏地区人民精神脱贫发挥作用，会出现市场机制失灵。政府与社会资本合作模式将有效解决上述问题，政府和私人部门之间针对特定的公共事业，明确产权关系、优化资源配置、风险分担和利益共享制度的模式，既保证公共事业的市场效率，又保证公共事业的社会效益。在充分发挥市场机制的基础上，由政府主导，企业、社会组织等协同实现青海涉藏地区贫困人口真正从扶贫工作中获益，实现精准脱贫。

2. 精神脱贫的社会综合效益的保障

青海省涉藏地区脱贫工作的进行需要切实满足脱贫群众的真正需求，不能仅停留在单一救济型的社会生存支持层面，缺乏再生性和发展性。要想最大程度上发挥贫困者主动参与的潜力，就需要保障脱贫工作所存在的社会综合效益。

首先，扶贫工作的进行需要社会公众的广泛参与，特别是贫困户代表的参加，可以最大限度的发挥受益对象的主动性。青海涉藏地区是藏族文化发展的主体区，该地区民众信仰虔诚、群众基础深厚，在民族团结和宗教和谐的基础之上，贫困户代表的参与能激发周围群众的热情与责任感，助力扶贫项目顺利进行，获得最大的社会综合效益；其次，要加强监管力度，从政府监督、社会监督等多重视角出发，重视受助人群的评价反馈，对在规定时间内完成考核指标的社会企业及资本兑现相应的优惠政策和资金补贴，并给予优先权。而对套取扶贫资金的恶行资本及绩效水平不佳的企业进行淘汰，并将失信行为纳入征信体系，确保社会效益实现最大化。最后，要完善社会综合效益相关的法律法规体系，对考核评价过程进行严格动态、全方位的监管，切实巩固好脱贫攻坚成果。

五、小　结

在贫困落后的地区，经济贫困往往是和精神贫困、思想贫困联系在一起的。精神不“脱贫”，经济上就很难脱贫。扶贫先扶志，贫困地区之所以贫困，重要的一点就在于自身主观上的懒惰性，不思进取，进而滋生了“等靠要”“我穷我骄傲”“争当贫困户”

等以穷为荣，依赖扶贫的观念及现象，认为只要戴着贫困户的帽子，就可以获得源源不断的资金和资源。所以说思想观念不脱贫，是扶贫路上最大的绊脚石。如果不树立“我要脱贫”的积极思想，贫是摆脱不掉的。这种背景下的扶贫只能是“输血”式的，并不能产生造血机制。

中国传统文化中早有“天行健，君子以自强不息”和“人定胜天”的思想，精神的力量是巨大的，扶贫应当先补足精神上的缺陷。后扶贫时期，政府及社会各层面对青海涉藏地区贫困地区的基础物质及资金的支持需要合理转型为侧重提高自理能力上。贫困地区扶贫工作的重难点在于扶智，改变人民的思想观念尤为重要。自助者天助之，扶贫工作应该从根本上改变贫困人民安于现状的落后思想观念，只有当自身做出改变，才会树立自力更生、艰苦奋斗的信念。与其从物质上给予帮助，不如从思想上进行改变。只有传授他们实用的技术技能，找准可持续发展的产业投向，才能实现从“他扶”到“自立”的转变，才能够产生对劳动获得财富的“可再生”能力，才能实现真正意义上的脱贫。

多年来“返贫”问题依旧是脱贫一大阻碍，原因主要在于针对农牧民的精神脱贫工作一直以来都弱于物质脱贫。青海涉藏地区交通较为闭塞，人民受教育水平较为低下，缺乏对外界环境的认识，他们只能看到身边人的生活状态，视野和眼界较为狭窄。他们考虑的大多数都是眼前的问题，为生计奔波劳碌，只关心当前的付出和回报，缺乏长远的发展眼光，也缺乏耐心。且由于祖祖辈辈都是同样的生存环境，所以缺乏脱贫信心，对美好生活的认识向往不够。让“口袋”先鼓起来是农民脱贫的基础，只有解决了温饱问题，才能考虑生理需求之上的更高需求。然而扶贫不能只扶“口袋”，更要扶“脑袋”。如果思想观念不变更，还是会面临“返贫”。扶贫不能只“授人以鱼”而是应该注重“授人以渔”，应当教会他们自我扶贫，自强自立。

青海涉藏地区分布着藏族、回族、撒拉族、土族等多个少数民族。他们有着不同的宗族信仰，这就使得涉藏地区的宗族问题复杂多变。

宗教和谐对于维护青海涉藏地区乡村社会和谐安定、全国多民族文化融合发展有着重要的影响作用，在脱贫攻坚工作的后扶贫时期，应当充分考虑在乡村治理的大背景下，把握青海涉藏地区各宗教和谐一致，发挥其积极作用，正向引导宗教，使之成为乡村文化构建的内生作用力。尊重少数民族，坚持各民族平等，实行各民族团结互助、共同发展的方针政策。要始终把“发展民族地区经济”放在涉藏地区工作的头等位置。

脱贫不是最终的结果，社会各界各层都要积极协调融合发展，才是最终方向。青海涉藏地区脱贫的现实内容是要尽快摆脱经济上的贫困，但从长远来看，要想实现长效脱贫，一定要以贫困主体自身的脱贫精神为内在驱动力。对于宗教和谐引领下的涉藏地区精神脱贫，要深刻把握以下几点。

1. 充分的物质基础是青海涉藏地区精神脱贫的第一步

物质资源的匮乏，迫于生计的压力，贫困人民只重视眼前的利益。马斯洛需求层次理论的第一层就是生理需求。基本生理需求得不到满足，人们就会失去追求生活品质的动力。只有解决了人们生存的基本需求，才能使得人们思考除生存之外的更高追求。想要改变这种现状，就必须转变青海涉藏地区经济发展方式，优化当地产业结构，改变生产生活方式，使其适应新时代发展要求，转变涉藏地区贫困人民的落后守旧思想。

在前期脱贫攻坚基础上，青海省要继续积极完善涉藏地区基础设施、信息网络和公共服务建设，提供涉藏地区经济发展的物质基础动力。政府可依据知识素养水平将贫困人群划分等级，依据等级对其进行不同程度的文化提升，进行阶段式的就业技能培训,并加强涉藏地区与外界的接触,提倡“走出去”和“引进来”。“走出去”让涉藏地区的贫困人民走出世世代代生存的环境,实施“眼界工程”，使其接触外界生活环境，提高他们的现代化水平。“引进来”号召将外界的人才及已经走出的人回到涉藏地区，进行反哺式涉藏地区建设。引导涉藏地区人民接受现代化的思想观念，摒弃落后守旧的思想。同时做好社保“兜底”工作，发挥社会保障“最后一道防线”的作用,改善涉藏地区医疗保险、养老保险等，为涉藏地区贫困人民解决后顾之忧。

2. 实现技术现代化是精神脱贫的第二步

精神扶贫的内涵在于扶志并扶智。简单来说，扶志就是扶志气、扶思想、扶信心，帮助贫困人民树立对幸福生活的积极向往，树立摆脱当前困境的勇气。扶智就是扶智力、扶知识、扶技能，帮助贫困人民学习先进的技术技能，提高他们的综合素质能力。

对青海涉藏地区贫困人民的精神扶贫应当先树立志、后提高智。先改变人民的思想观念，就要引进新鲜事物，加强他们对新事物的接受及认知能力。处于贫困落后的人群中有些是短视经济行为人，他们只注重当下的收益回报，不愿做出改变，不愿承担改变的风险。所以要脱贫，就要先增强内生动力。而在今天这个时代飞速发展的前提下，各行各业对智力的要求越来越高，要求与时俱进，接受新事物，了解新事物，学习新事物，较高的文化水平及技能，会得到更多的青睐。为此应贯彻落实科技兴农战略，进行科技扶贫，培养涉藏地区人民的现代化意识，大力推广现代化技术及设备，教授他们现代化科技知识，提高涉藏地区人民基础设施现代化基础上的思想现代化及技术设备现代化。

3. 提高教育水平，是精神脱贫的第三步

精神扶贫的根本就是教育，增强教育投入则是解决扶贫问题的根本。教育的机会和质量对解决未来反贫困问题至关重要。从农民自身思想观念入手，通过教育改变他们的思想观念，拓展其视野，实现由内而外的转变，这也是后扶贫时期的工作重点之一。教育是基础，农村是中国教育最大的突破口，更是机会所在。涉藏地区由于其地理位置偏僻，生活环境较为恶劣，基础教育的稳定性较低。输入式的扶贫只能解决当下的问题，长久来看，只有在教育上加大投入，从孩子做起，解决贫困的代际传递隐患，通过教育让涉藏地区人民接触到外边的世界，才能让孩子有追求未来美好生活的理想和动力，树立信心满怀热情，建设自己的家乡，由此形成内部的“造血式”的扶贫。

教育与社会生产力之间是相辅相成的关系，生产力的发展水平对教育的发展发挥着制约作用。而教育是推动社会生产力进一步发展的动力，“求木之长者，必固其根本”通过教育阻断贫困的代际传递，从根本上改变人们的思想观念，提高人的素质培养，对国家的文明建设发挥着重要的作用。涉藏地区的精神脱贫最基本的措施就是提高并巩固涉藏地区九年义务教育的普及率，只有落实了基础教育，提高涉藏地区的教育水平，贫困家庭的子女才能接受公平而有质量的教育。同时，也要通过各种形式提高涉藏地区成人继续教育水平，开设就业技能培训班，培养就业贫困人群的专业技术技能，增加就业率。

一个国家或地区的民族宗教问题处理是否妥当、民族宗教关系是否和谐、政策贯彻落实是否均衡等都直接影响着国家和地区的长治久安。青海涉藏地区是中国涉藏地区的一个特殊区域，民族宗教问题又是这个特殊区域的重要工作。为此，总结青海涉藏地区各民族宗教历史发展经验，利用民族宗教文化的内化凝固作用与和谐思想理念，将影响青海涉藏地区稳定的民族宗教问题化解为推动地区安定团结的积极因素，使其成为加快青海涉藏地区脱贫工作持续升效的积极力量。

涉藏地区脱贫不能只是生理需求上的基础脱贫，而是应该从精神上、内在层面的脱贫。立足当下，放眼未来。如果仅仅解决了物质上的贫困，精神上没有改变，那么贫困问题就无法实现真正意义上的解决。由于涉藏地区民族宗教问题的特别之处，需要在抓好本地区民族宗教工作及社会稳定，坚持宗教和谐的引领原则下，做到物质扶贫与精神扶贫两手抓。通过在后扶贫时期注重精神脱贫，实现脱贫攻坚成果增值的社会综合效应。

参考文献

［1］傅国华 . 分层次管理［M］. 北京：经济科学出版社，2013.

［2］朱启臻 . 生存的基础［M］. 北京：社会科学文献出版社，2013.

［3］张琦，王建民 . 整村推进扶贫模式与少数民族社区发展［M］. 北京：民族出版社，2013.

［4］傅国华，李春 . 分层精准施策保障乡村振兴战略实施［J］. 农业经济与管理，2017.

［5］张孝德 . 新文明观：乡村、城市平等观——乡村文明复兴引领生态文明新时代［J］. 中国农业大学学报（社会科学版），2015.

［6］韩长赋 . 深入贯彻习近平“三农”思想 大力实施乡村振兴战略［J］. 吉林农业，2017.

［7］罗士泂 . 保护传统村落 助推乡村文化振兴［N］. 中国社会科学报，2018.

［8］林宏 . 如何实现乡村产业与人才两旺［N］. 光华时报，2018.

［9］魏延安 . 农村电商促进乡村五个振兴［J］. 经济，2018.

［10］张娟，杨东，陈媛，陈秋菊，王韵斐 . 基于低碳经济视角的内蒙古农牧业的发展问题初探［J］. 中国市场，2018.

［11］张晓飞 . 乡村振兴战略背景下农产品品牌建设策略研究［J］. 现代营销（下旬刊），2018.

［12］郑军祖 . 重视特色乡村品牌打造　助力乡村产业振兴［J］. 杭州

（周刊），2018.

［13］詹国辉，张新文．乡村振兴下传统村落的共生性发展研究——基于江苏 S 县的分析［J］．求实，2017.

［14］张会曦，梁普兴，李湘妮，李强，李颖仪．田园综合体发展模式探析［J］．现代农业科技，2018.

［15］邓爱娥．基于智慧乡村的乡村旅游精准扶贫模式研究［J］．农家参谋，2018.

［16］任缙．绿色金融与脱贫攻坚的内在联系与衔接路径［J］．环境保护，2019.

［17］涂用凯．构建乡村文化振兴的有效形式［N］．湖北日报，2019.

［18］习近平．在打好精准脱贫攻坚战座谈会上的讲话［R］.2018.

［19］傅国华．分层次管理［M］．北京：经济科学出版社，2013.

［20］朱启臻．生存的基础［M］．北京：社会科学文献出版社，2013.

［21］张琦，王建民．整村推进扶贫模式与少数民族社区发展［M］．北京：民族出版社，2013.

［22］詹国辉，张新文．乡村振兴下传统村落的共生性发展研究——基于江苏 S 县的分析［J］．求实，2017.

［23］贾利民，赵天淼．习近平新时代中国特色社会主义思想历史逻辑、理论逻辑、实践逻辑的内在结构阐释［J］．思想政治教育研究，2020.

［24］刘金鑫．习近平新时代中国特色社会主义经济思想的科学内涵和政策主张［J］．改革与战略，2020.

［25］汪三贵，曾小溪．后 2020 贫困问题初探［J］．河海大学学报（哲学社会科学版），2018.

［26］刘婷鹤，聂凤英．后扶贫时代深度贫困地区脱贫攻坚与乡村振兴衔接的困境及政策调适研究——基于 H 省 4 县 17 村的调查［J］．兰州学刊，2020.

[27] 黄承伟.党的十八大以来中国脱贫攻坚理论实践创新总结[J].中国农业大学学报(社会科学版),2017.

[28] 姜亚龙.加强脱贫攻坚与乡村振兴有机衔接——科学推进乡村振兴[J].农村经济与科技,2020.

[29]孙馨月,陈艳珍.论脱贫攻坚与乡村振兴的衔接逻辑[J].经济问题,2020.

[30] 罗春娜,李胜会.中国乡村振兴的动力因素研究——基于教育的视角[J].宏观经济研究,2020.

[31] 辛美琪.乡村振兴视角下产业扶贫长效机制研究[J].合作经济与科技,2020.

[32] 赵德余.新时代乡村振兴战略与"三农"问题研究[J].贵州大学学报(社会科学版),2020.

[33] 徐宏潇.习近平乡村振兴论述的理论逻辑与实施机制[J].北京航空航天大学学报(社会科学版),2019.

[34] 2020年青海省政府工作报告[R].2020.

[35] 李欣.文化产业成为青海省新的经济增长点[N].青海日报,2018.

[36] 卢黎歌,武星星.后扶贫时期推进脱贫攻坚与乡村振兴有机衔接的学理阐释[J].当代世界与社会主义,2020.

[37] 郑军祖.重视特色乡村品牌打造 助力乡村产业振兴[J].杭州(周刊),2018.

[38]孙馨月,陈艳珍.论脱贫攻坚与乡村振兴的衔接逻辑[J].经济问题,2020.

[39] 张建伟,图登克珠.乡村振兴战略的理论,内涵与路径研究[J].农业经济,2020.

[40] 庞森.脱贫攻坚与乡村振兴的有效衔接:内在关系,重点与侧重

路径［J］. 中国西部，2020.

［41］陈明星. 脱贫攻坚与乡村振兴有效衔接的基本逻辑与实现路径［J］. 贵州社会科学，2020.

［42］李昌凤. 困境与突破：乡村振兴战略中农民主体地位的实现路径［J］. 领导科学，2020.

［43］孔磊，娄登焕. 农民职业技能培训现状及其对策［J］. 中外企业家，2020.

［44］邓大才. 有效参与：实现村民自治的递次保障［J］. 财经问题研究，2019.

［45］豆书龙，叶敬忠. 乡村振兴与脱贫攻坚的有机衔接及其机制构建［J］. 改革，2019.

［46］陈伟. 国内关于相对贫困研究述论［J］. 学校党建与思想教育，2020.

［47］张琦，杨铭宇，孔梅.2020 后相对贫困群体发生机制的探索与思考［J］. 新视野，2020.

［48］孙馨月，陈艳珍. 论脱贫攻坚与乡村振兴的衔接逻辑［J］. 经济问题，2020.

［49］向德平，刘欣. 溯源与发展：新时代中国精神扶贫思想研究［J］. 西安交通大学学报（社会科学版），2020.

［50］习近平. 决胜全面建成小康社会夺取新时代中国特色社会主义伟大胜利［N］. 人民日报，2017.

［51］中央经济工作会议举行习近平李克强作重要讲话 – 新华网 http://www.xinhuanet.com/fortune/2017-12/20/c_1122142392.htm

［52］林陈桐，吴国清. 精神扶贫：新时期贫困治理亟待关注的领域［J］. 黑龙江生态工程职业学院学报，2020.

［53］王艺容. 物质脱贫后莫忘“精神脱贫”［N］. 重庆日报，2020.

[54] 贺雪峰 . 中国农村反贫困问题研究 : 类型、误区及对策 [J] . 社会科学，2017.

[55] 黄婷 . 农村精神扶贫困境及对策探析 [J] . 经济研究导刊，2020.

[56] 刘立，袁佳 . 黔西南“精神扶贫”工作开展的现状与不足 [J] . 中小企业管理与科技（下旬刊），2020.

[57] 李莹莹，王凤，尹德志 . 国内关于精神扶贫研究的几个问题 [C] .“世界社会主义的历史与当代新发展”学术研讨会暨当代世界社会主义专业委员会 2017 年年会论文集，2017.

[58] 让民族团结宗教和谐凝聚起强大正能量 [N] . 伊犁日报（汉），2020.

[59] 杨建晓 . 贫困地区的精神贫困与精神脱贫思路探析 [J] . 安顺学院学报，2017.

[60] 高琳，吴芳菊，薛俊丽 . 脱贫攻坚战中精神扶贫的实践与探索——以乡宁县为例 [J] . 吕梁学院学报，2019.

[61] 邢晓志，王科 . 脱贫攻坚走向精神扶贫的探索 [J] . 调查分析，2019.

[62] 谢霄男，冯仁杰 . 习近平精准扶贫思想的辩证统一性 [J] . 理论研究，2018.

[63] 冯小林 . 和谐社会建设中宗教的多重特质 [J] . 中央社会主义学院学报，2017.

[64] 张佐 . 中国多元宗教和谐共生的世界意义 [J] . 中国宗教，2019.